# 냉전의
# 벽

평화로운 일상을
가로막는
냉전의 유산

# 냉전의 벽

The Wall of the Cold War

평화로운 일상을
가로막는
냉전의 유산

The Cold War Legacy
that Blocks Peaceful Everyday Life

김려실 외 7인 지음

# contents

## '냉전'이라는 보이지 않는 벽

우리나라가 정상이 아니라는 것을 처음 알게 된 것은 언제였을까. 한글을 깨치기 전인 꽤 어렸을 때였던 것 같다. 그 시절, 고무줄놀이와 전쟁놀이를 통해서 어디엔가 무찔러야 할 공산당이 있다는 것을 알게 되었고 간첩이라는 존재는 언제 출몰할지 모르는 도깨비나 귀신 같은 거라고 여겼다. 그리고 어른들이 반복해서 들려주었던 나의 피난 이야기에 또 전쟁이 터지면 가족과 헤어질까 봐 두려웠다.

태어난 지 몇 개월도 되지 않아 피난을 갔던 나의 이야기는 이렇다. 지금도 베개에 머리만 대면 잠드는 축복받은 수면 유전자를 가진 어머니가 나를 낳고 밤낮이 뒤바뀌어 낮잠을 자고 있을 때, 갑자기 총성이 울렸다. 탕! 탕! 옆 방에서 할머니가 뛰어들어와 며느리를 깨워 봤지만 아무리 흔들어도 꿈쩍도 하지 않았다. 아파트 복도로 나가 봤더니 벌써 이웃들은 전쟁이 났다며 짐을 싸서 피난을 가고 있었다. 다시 며느리를 깨우려 때려도 봤지만 돌아누울 뿐이었다. 할 수 없이 얼른 아기만 둘러업고 피난민 대열에 합류했다. 전쟁의 공포, 아들에게 알리지도 못하고 며느리를 두고 왔다는 죄책감, 부산이 이 모양인데 피난은 가서 무엇하라는 체념 속에서 몇 시간이 흐른 뒤, 뜻밖에 경찰은 공비가 잡혔으니 집으로 돌아가라고 했다. 울다가 등허리에 늘어진 아기를 추켜 업고 다시 집으로 돌아와 보니 그 난리가 무색하게도 며느리는 그때까지도 쿨쿨 자고 있었다고 한다. 무장 공비인 줄 알았던 그 군인은 나중에 총을 가지고 부대를 빠져나온 탈영병으로 밝혀졌다.

더 자라서 학교에 가니 정상이 아닌 일이 점점 늘어났다. 눈에 보이지 않는 적들을 상상하며 글을 쓰고 그림을 그려야 했다. 반공 글짓기와 포스터로 상도 제법 탔지만 사실 이승복 어린이처럼 공산당이 싫다고 말할 자신은 없었다. 어느 날 북한이 금강산 댐을 방류해 서울을 물바다로 만들 것에 대비하여 '평화의 댐'을 건설한다는 뉴스를 보았다. 반 정도 물에 잠긴 63빌딩 모형을 보여 주며 이번에는 피난도 소용없을 거라고 했다. 서울 시민이 앉은 자리에서 수장될 판이라 전국민적인 모금 운동이 시작되었고 학교에서도 성금을 걷었다. 언제 터질지 모른다는 점에서 물 폭탄도 핵폭탄 비슷한 것일 테지. 내심 북한에서 멀리 떨어진 부산에 살아 다행이라고 생각했다.

어른이 되고 보니 일상이 전쟁터다. 무너져 죽고, 빠져 죽고, 깔려 죽고. 이래도 죽고, 저래도 죽고. 하루하루가 피난살이다. 물론 나도 남들처럼 겁도 없이 여전히 이 불안한 나라에서 결혼을 하고 애도 둘이나 낳았다. 둘째를 낳을까 말까 인생 최대의 고민을 하던 때 선배 교수로부터 6·25 때도 애는 잘만 낳았는데 뭔 소리냐는 핀잔을 들었다. 그 아이가 무럭무럭 자라서 점점 군대에 갈 나이에 가까워지니 내 안에 새로운 불안의 씨앗이 싹을 틔우고 나날이 무성해지고 있다. 그러니 언제 전쟁이 터질지 모르는 나라에서 생존하고 일상을 영위하기 위해서는 '무신경'을 배워야 한다. 중국과 미국이 다투고, 일본이 재무장을 하고, 북한이 암만 미사일을 쏘아도 그러려니 하고 밥도 잘 먹고 잠도 잘 자는 기술이다. 그러나 수십 년간 가까스로 익힌 그 기술이 이제 완전히 무용지물이 되었다. 6·25 때 난리는 난리도 아니라던 코로나19 팬데믹 덕분에. 코로나가 아니었다면 학습된 무신경이 평화인 줄 알고 살 뻔했다. 바이러스라는 눈에 보이지 않는 적을 피해 숨어 지내야 했던 내 인생의 두 번째 피난을 통해 깊이 자각했다. 내가 사는 나라는 난리가 나면 어디로도 도망갈 수 없는 섬이고, 우리 모두는 잠재적 피난민이라는 강력한 현타….

『냉전의 벽: 평화로운 일상을 가로막는 냉전의 유산』의 필자들은 코로나 바이러스와 싸웠던 지난 3년 동안 온 오프라인으로 간헐적으로 만나면서 함께 냉전을 연구하고 평화학을 공부하는 사이이다. 연령대는 20대부터 50대까지 폭넓게 분포해서 각자 자기 세대가 겪어 온 냉전의 기억을 풍부하게 지니고 있다. 우리를 묶어 주는 공통분모는 부산에서 공부하는 연구자라는 것이다. 한국 전쟁 당시 전화(戰禍)를 겪지 않은 부산은 임시 수도이자 피란지였던 까닭에 상대적으로 냉전의 유산을 덜 갖고 있다고 생각하기 쉽다. 그런데 전쟁 중에 전투와 폭격이 없어 전후에 복구할 것도 그다지 없었기에 의외로 부산에는 70년도 지난 냉전의 유물들이 켜켜이 쌓인 시간의 먼지와 함께 남아 있다. 2천 3백 위의 유엔군이 묻혀 있는 묘지, 임시 정부 청사, 피란민들이 모여서 생겨난 마을들, 방공호, 각종 전쟁 기념물들. 심지어 내가 출근해서 종종 차를 대는 부산대학교 박물관의 주차 구역 아래에는 이승만 정권 때 지은 엄청난 크기의 지하 방공호가 있다. 다시 전쟁이 재개되어서 북한군에 밀리면 서울에 있는 국보와 문화재를 싹 옮겨 오려고 지었다고 한다.

이 책은 내가 13년째 주기적으로 열고 있는 냉전 연구 모임에서 나눈 잡담에서 시작되었다. 냉전의 유산에 둘러싸여 살면서, 연구하고, 불의와 불친절에 맞서 싸우며 우리는 냉전의 보이지 않는 벽에 대해 생각하게 되었다. 혹시 우리나라 사람들이 이렇게 불안하고 불행하고 불만에 가득 찬 것은 냉전의 그늘에서 자란 때문인가? 왜 이렇게 다들 경쟁적이고, 정신없이 바쁘고, 오늘만 살고 내일이 없는 사람들처럼 황폐하지? 죽이거나 죽을 이유가 없는 나라에 살아 보지를 못해서 평화로운 삶이 무엇인지 모르기 때문인가? 먼 미래 세대의 눈으로 본다면 대체 우리는 냉전 근대 대한민국에서 어떤 삶을 살아왔던 것일까? 냉전의 보이지 않는 벽을 가시화하기 위해 각자가 어린 시절 경험했던 냉전의 기억을 풀어 놓으면서 오랫동안 잊었거나 무심히 넘겼던 맥아더와 스팸이, 고지라와 전쟁고아가, 미군 부대와 기지촌이, 국어 교과서와 〈전우야 잘 자라〉가 불쑥 튀어나왔다. 그런데 4, 50대가 고무줄놀이를 하면서 불렀던 〈전우야 잘 자라〉를 2, 30대는 몰랐고 거꾸로 4, 50대는 2, 30대가 받은 통일 교육에 대해서 몰랐다. 즉, 우리 사이에도 세대의 벽이 있었다. 그래서 2023년 7월 27일로 다가오는 정전협정 70주년을 기해 냉전의 벽과 세대의 벽을 함께 공략해 보자는 뜻에서 이 책을 함께 쓰게 되었다.

제1부 '냉전의 신화'는 절대적이고 압도적이어서 완벽한 진실 같지만 실제로는 만들어진 전쟁 이야기를 비판적으로 다룬다. 김려실의 「한국의 맥아더 신화는 어떻게 만들어졌을까」가 인천상륙 작전의 전쟁 영웅 맥아더의 영웅 신화를 해체한다면 이희원의 「냉전의 괴수들」은 전쟁 영웅 신화의 음화로서 공포와 혐오가 투사된 적의 이미지, 즉 괴수의 역사를 되짚어 본다.

제2부 '어린이의 얼굴을 한 전쟁'에서는 이른바 베이비 부

머, X세대, MZ세대 연구자가 어린이에 대한 평화 교육과 전쟁 동원이라는, 상반되지만 동시에 진행 중인 냉전 한국의 교육 현실에 대해 고찰한다. 김경숙의 「잊혀진 전쟁의 잊혀진 아이들」은 전쟁고아에 대한 우리 사회의 망각을, 류영욱의 「전우의 시체를 넘던 아이들」은 어린이들의 놀이 문화에 스며든 냉전과 포스트 냉전 이후의 평화 교육을, 양정은의 「통일 교육의 탈을 쓴 냉전 교육」는 1950년대의 반공 교육과 현재의 통일 교육을 비판적으로 톺아보았다.

제3부 '냉전과 일상'은 오랜 한반도 냉전의 여파, 혹은 아직도 진행 중인 냉전이 우리의 일상을 어떻게 지배하고 있는가를 다루었다. 백동현의 「한국 속 남의 땅, 용산 기지 이야기」는 저자 자신의 용산 미군 부대 근무 경험과 용산 기지의 역사를, 장수희의 「사라진 냉전의 여자들」은 우리 사회가 비가시화함으로써 외면해 온 이른바 미군'위안부'의 잊힌 이야기를, 이시성의 「스팸, 냉전 식탁의 첨병」은 한국인의 식문화를 바꾸어 버린 냉전의 유산을 이야기한다.

이와 같은 우리의 이야기가 어떤 독자들에게 가닿을까 매우 궁금하다. 사실 『냉전의 벽: 평화로운 일상을 가로막는 냉전의 유산』처럼 다양한 주제를 새롭게 다룬 책의 고민은 기존의 익숙한 분류, 즉 대중의 눈을 가려 온 습관적인 구분 짓기를 넘어 어떻게 새로운 독자들과 만나는가이다. 그 때문에 제목을 정하는 것도 고민이었다. 이 책이 가정한 모델 독자들을 확 끌어당기는 마력이 깃든 제목을 달아 보려는 욕망으로 넘쳐서 책 제목을 두고 필자들, 출판사 편집자들은 여러 차례 의견을 교환했다. 그러나 출판을 앞둔 지금도 그다지 확신은 없다. 문학 연구도, 사회학 연구도, 역사 연구도 딱히 아닌 듯하면서 그 모두를 가로지르는 이 책이 서점의 무슨 코너에 분류될지도 감이 잡히지 않는다. 이러한 불확실성 속에서 전쟁과 차별과 폭력 없는 평화로운 세상을 위해 이 책을 출판하기로 결심해 준 호밀밭 출판사와 임명선 편집자에게 필진을 대표하여 심심한 감사를 드린다. 이제 남은 일은 "손에 손잡고 (냉전의) 벽을 넘어서"고자 하는 우리의 이야기가 당신의 마음에 가닿기를 바라는 것뿐.

녹음과 더불어 전쟁의 기억이 짙어지는 6월에
8인의 저자를 대표해서 김려실 씀

# 1

# 냉전의 신화

# 한국의 맥아더 신화는 어떻게 만들어졌을까?

김려실

부산대 국문과 교수. 문학과 매체 연구실을 운영 중이며 학부와 대학원에서 문학과 매체연구, 영상 문학의 이해, 문학과 영상예술, 대중서사론, 동아시아평화인문학, 동아시아평화문화론 등의 강의를 담당하고 있다. 부산대학교 인문학연구소 PNU 냉전문화팀의 연구책임자로서 냉전의 교훈으로부터 평화를 모색하는 평화 인문학의 전파를 위해 애쓰고 있다. 냉전과 관련해 지은 책으로 『문화냉전: 미국의 공보선전과 주한미공보원 영화』(현실문화연구, 2019), 『사상계, 냉전 근대 한국의 지식장』(역락, 2020), 옮긴 책으로 『냉전의 폐허: 일본의 전쟁범죄와 미국의 정의에 대한 태평양횡단 비평』(부산대학교출판문화원, 2023) 등이 있다.

## 1. 자유공원에 맥아더 동상이 세워진 이유

인천시 중구 송학동에는 '자유공원'이라는 한국 최초의 서구식 공원이 있다. 1883년에 제물포항이 개항하고 1년 뒤 조선 정부와 미·영·청·독·일의 외교관들이 서명한 인천제물포각국조계장정의 첫 항에 따라 1888년에 조성된 공원이다. 제물포항과 월미도가 내려다보이는 수봉산 자락에 자리 잡은 이곳의 원래 이름은 만국공원이었다. 1914년에 일제가 조계를 철폐한 후 서(西)공원으로 불렸으나 대한민국 정부 수립 후 다시 만국공원으로 불렸다. 지금의 이름으로 불리게 된 것은 미국의 5성 장군이자 인천 상륙 작전의 영웅, 더글러스 맥아더와 관계가 있다. 1957년 9월 15일 이승만 정부는 인천 상륙 작전 7주년을 기념하여 이곳에 맥아더 동상을 세웠고 인천시는 그해 개천절에 자유공원이라는 새 이름을 공표했다. '만국'과 '자유'라는 개방적인 이상(理想)이 스스로 얻은 것이 아니라는 점에서 이 공원은 19세기 말부터 계속된 외국 세력에 의한 한반도 침략과 전쟁의 역사를 상기시킨다.

바로 그와 같은 장소에 건립된 맥아더 동상은 부패한 정권에 염증을 느낀 민심을 반공주의를 조장하여 되돌리려는 자유당 독재 정권의 정치 이벤트 중 하나였다. 1954년 사사오입 개헌으로 헌법을 고친 이승만은 1956년 정·부통령 선거에 출마해 3선에

도전했다. 당시 제1야당이었던 민주당의 선거 구호는 "못 살겠다 갈아 보자"였다. 이승만은 70퍼센트에 육박하는 압도적 득표율로 당선되었으나 부통령은 이승만의 정치적 후계자인 이기붕을 누르고 민주당의 장면이 당선되었다. 1952년과 1956년 선거 모두에서 2위를 기록한 사회민주주의자 조봉암의 인기 또한 이승만에게는 잠재적 위협이었다. 게다가 1956년 11월 조봉암은 이승만 정권의 '북진 통일'에 반하는 '평화 통일'을 정강으로 내세운 진보당을 창당하기까지 했다.[1]

이러한 정치적 맥락에서 3선에 성공한 이승만은 반공 사업을 강화하기 시작한다. 1957년 4월 국무회의에서는 대통령의 지시로 인천 상륙 작전 10주년도 아닌, 7주년을 기념하기 위해 맥아더 동상 제작이 결정되었다.[2] 이기붕이 5월 초에 설립된 맥아더동상건립위원회 총재를 맡았고 필요 비용 조달을 위해 자발적인(?) 기업의 찬조, 전국 공무원과 군인의 거출, 시민 모금이 실시되었다. 제막식은 인천 상륙 작전 첫째 날인 9월 15일로 정해져 있었기 때문에 4월 말에 연락을 받은 조각가 김경승(당시 홍익대학교 미대 교수)은 안중근 동상 제작을 미루고 부랴부랴 제자들의 도움을 받아 맥아더 동상을 완성했다. 제막식을 치른 뒤 11월에는 대통령 직속 공보실의 공보실장과 각부 차관이 포함된 **아시아민족반공연맹**[①]한국지부 운영위원회가 결성되었다. 이승만은 광화문의 전(前) 여자경찰서 건물을 **반공회관**[10]으로 사용토록 지시했는데 1958년 2월 5일에 개관한 이 회관 정문 앞에도 맥아더 동상이 세워졌다. 반공회관의 맥아더 동상(28쪽의 사진 7)은 1961년 경복궁으로 이전되었다.

이처럼 맥아더 신화는 한국 정부의 반공 사업과 밀접한 관계가 있었다. 반공회관의 동상은 현재 보존되어 있지 않으므로 자유공원의 동상을 통해 맥아더 신화의 형성기를 되짚어 보자. 사진 1과 같이 관람객이 우러러볼 수밖에 없는 높은 기단 위에 세워진 자유공원의 동상은 3미터 높이의 대형 동상이다. 이것을 제작할 때 김경승은 맥아더의 사진을 참조했다. 1950년 9월 15일 인천 상륙작전에 투입된 해병 1사단의 상륙을 지켜본 맥아더의 모습(사진 3)처럼 동상은 필리핀 육군 원수 정모를 쓰고 육군 항공대 A-2 비행용 가죽 재킷을 입었으며 오른손에 쌍안경을 쥐고 왼손은 뒷주머니에 넣고 있다. 기단 뒤편 오른쪽에 보이는 동판 부조(사진 2)는 작전 성공 후 전함에서 내려 수뇌부와 함께 해안으로 접근 중인 맥아더의 사진(사진 4)을 참조해 제작되었다.

미국 육군 통신 부대는 1차 대전 때부터 전선을 따라 다니며 작전 사진을 촬영했고 일부를 언론에 공개했는데 그런 사진들은 세계인의 마음속에 맥아더를 불세출의 전쟁 영웅으로 각인시켰다. 사후 60년이 된 지금까지도 필리핀 육군 원수 정모, 옥수숫

사진 1(위) 인천 자유공원의 맥아더 동상 (저자 촬영)
사진 2(아래) 맥아더 동상의 동판 부조 (저자 촬영)

사진 3(위) 작전 중 해군의 폭격을 관찰 중인 맥아더 (Encyclopedia Britannica)
사진 4(아래) 작전 성공 후 상륙한 맥아더 (Encyclopedia Britannica)

대 파이프, 레이밴 선글라스는 맥아더의 트레이드 마크로 기억되고 있다. 맥아더 그 자신도 이미지 관리가 여론과 정치에 중요하다는 것을 너무나 잘 알고 있었다. 그래서 그는 한국 전쟁에서의 승리를 전 세계에 알릴 결정적 한 방(사진4)을 위해 "작전을 완수한 뒤 깨끗한 장교복을 입고 깨끗한 구두를 바닷물에 적시며 전함에서 내려 인천에 상륙"[3]했다.

## 2. 박정희와 맥아더의 투샷

성대했던 7주년 행사에 비해 인천 상륙 작전 10주년이던 1960년은 행사 없이 조용히 지나갔다. 자유당의 3·15 부정 선거를 규탄하며 시작된 4·19 혁명으로 이승만이 하야했기 때문이다. 다만 맥아더 동상과 관련하여 약간의 파문이 있기는 했다. 주미대사 양유찬이 확실한 조사 없이 학생 데모대가 반공회관의 맥아더 동상을 훼손했다고 미국 당국에 잘못 보고한 것이다. 이에 시민과 학생들은 양 대사의 발언이 거짓임을 증명하기 위해 4월 26일 맥아더 동상에 "공산침략의 격퇴자"를 숭앙하는 문구와 함께 화환을 걸어 두었다.[4]

맥아더라는 이름이 친미반공의 상징으로 여겨진 만큼 그

이름의 권위를 이용하려는 사람들은 계속 나타났다. 예를 들어 1961년 5·16 군사 쿠데타로 정권을 잡고 미국의 의사를 타진하기 위해 케네디를 만난 박정희는 면담 뒤에 맨해튼의 월도프 애스토리아 호텔에서 맥아더와 따로 만났다. 조속히 선거를 치러 민정 이양을 하라고 주문하면서 독재자를 냉대한 케네디에 비해 맥아더는 카메라 앞에서 주미대사 정일권(한국 전쟁 때 한국군 총사령관)과 박정희 의장을 나의 옛 전우들이라고 치켜세우며 포즈를 취했다. 맥아더와 박정희가 나란히 어깨를 맞대고 친근함을 과시한 투샷은 〈경향신문〉, 〈동아일보〉, 〈조선일보〉 등 유력 일간지 1면에 실렸다.

사진 5와 6을 비교해 보면 맥아더에게 이미지 관리와 선전이 매우 중요한 정치 수단이었음을 알 수 있다. 사진 5는 맥아더의 제안으로 미군 통신부대 카메라맨이 1945년 9월 27일에 도쿄 미국 대사관 내 맥아더 관저에서 촬영한 것이다. 맥아더는 이 사진을 9월 29일 일본 전국의 조간신문에 공개했다. 노타이, 짝다리, 뒷주머니에 아무렇게나 양손을 쑤셔 넣은 무표정한 맥아더 옆에서 양복을 입고 차렷 자세로 조신하게 서 있는 왜소한 히로히토의 사진을 보고 일본 국민은 충격에 빠졌다. 이 사진은 더 이상 자기들의 천황폐하가 살아 있는 신이 아니며 이제 일본의 통치자는 미

사진 5(위) 맥아더와 히로히토 (United States Army Photograph)
사진 6(아래) 박정희와 맥아더 (국가기록원)

국이라는 점을 일본 국민에게 확실히 각인시킨 것으로 유명하다.

이에 비해 1961년 11월 19일 촬영된 사진 6에서 맥아더는 오른손을 빼서 박정희와 악수하며 웃고 있다. 키는 오히려 박정희가 히로히토보다 1센티미터 작았지만 큰 키의 맥아더에게 압도당하고 있다는 느낌은 없다. 비밀은 두 사람의 위치와 표정이다. 사진 5에서 맥아더는 히로히토보다 한 발 앞으로 나와 있어 더 크게 보이는데 사진 6에서는 박정희가 맥아더보다 더 앞으로 나와 있어 덜 작게 보인다. 게다가 맥아더는 몸을 기울여 박정희와 꼭 붙어 서서 미소 지으며 환대와 우호의 제스처를 보여 준다. 그런데 사진 5와 마찬가지로 사진 6의 배경은 동양풍의, 대부분 일본의 장식물로 채워져 있다. 미 국무부 한국 문제 담당관이 배석한 자리였지만 그는 한국이 오랫동안 일본의 식민 지배로 고통받아 왔다는 사실을 망각한 것 같다. 아니면 박정희나 맥아더 그 누구도 그 점에 대해 신경 쓰지 않았든가. 그 자리에서 맥아더는 기자들에게 "한국이 곧 통일된 자유 독립 한국을 이룩하는 것을 볼 때까지 살고 싶다."[5]는 성명을 발표했다. 죽지 않고 사라졌을 뿐이라던 노장의 바람은 한국 국민을 위한 것이었을까, 아니면 미국의 태평양 군사 전략을 위한 것이었을까?

맥아더는 한국 전쟁 당시 38선이 아닌 압록강을 군사 저지선으로 생각하고 중국 본토 공격도 불사하겠다고 했다가 해임당

했다. 트루먼은 1956년에 출판한 회고록에 자기가 반항적인 맥아더를 그대로 두었으면 한국 전쟁은 제3차 세계 대전으로 확대되었을 것이라고 썼다. 이에 분노해 맥아더는『라이프』지에 반박 기고까지 했는데 박정희와 만났을 무렵에는 그 자신의 회고록 출간을 앞두고 있었다. 거기에도 썼다시피 트루먼의 '잘못된' 결정으로 승리를 눈앞에 두고 해임되었다고 믿고 있던 맥아더는 두고두고 애석해했는데 그런 맥락에서 위와 같은 발언을 했을 성싶다.

맥아더는 박정희와 만난 후 채 3년이 안 돼서 병으로 사망했고 케네디는 그보다 몇 개월 전에 암살당했다. 미국의 젊은 현직 대통령과 80세를 넘긴 육군 원수가 연이어 사망했을 때 박정희는 대통령에 당선되어 첫 임기를 시작한 참이었다. 흥미롭게도 젊은 케네디의 비명횡사를 두고 국가 차원의 추모를 지시하지 않았던 박정희는 노환으로 사망한 맥아더를 거국적으로 추모했다. 1964년 4월 5일(한국 시간으로는 4월 6일) 맥아더의 '서거' 소식이 전해지자마자 추모 기사가 며칠 동안 국내 신문의 1면을 차지했고 생전 맥아더에 관한 일화와 회고는 한 달이 넘게 지면에서 사라지지 않았다.

맥아더 추모 물결의 중심에는 한국 정부가 있었다. 맥아더의 명복을 비는 묵념으로 시작된 4월 6일의 국무회의에서 맥아더는 건국훈장 대한민국장에 추서되었고 일주일간 고인의 명복을 빌기 위해 온 국민이 반기를 게양한다는 결정이 내려졌다. 다음 날 국무총리가 맥아더의 장례식에 파견되었고 맥아더 동상이 있는 인천 자유공원과 경복궁, 그리고 국제협교센터에 국민 추모소가 마련되었다. 4월 12일 밤에는 중앙청(당시의 정부청사) 광장에서 대통령 내외와 삼부 요인, 주한 외교 사절, 각 사관학교 생도, 학생, 시민이 참석한 '맥아더 원수 추도식'이 엄수되었다. 4월 13일에는 국방부 주관으로 자유공원 맥아더 동상 앞에서 점화된 인천-서울 간 성화 행렬이 이어졌다.



남의 나라 장군에 대한 이와 같은 국가적 추모는 박정희의 자기 증명과 관계가 있다. 박정희는 대통령 선거 당시 야당 후보 윤보선이 제기한 색깔론에 휩싸인 바 있다. 남조선노동당 당원으로 **여순 사건에 연루되어 무기징역을 언도받고 불명예 전역**한 그의 과거 때문이었다. 한국 전쟁 발발로 군인이 모자라 기사회생으로 재임관된 박정희는 철저한 반공주의자로 변모했다. 쿠데타를 일으켰을 때도 반공을 국시로 내걸었다. 민정 이양을 하랬더니 본인이 군복을 벗고 출마하는 낯 뜨거운 방식으로 대통령이 된 그에게 맥아더 추모 의례는 '구국의 은인'에게 편승해 대내외적으로 친미 반공주의자라는 입장을 드러낼 기회였다.

사실 한국 전쟁의 영웅이라면 맥아더만이 아니라 그의 후임자 **리지웨이**나 함께 참전한 아들이 전사해 참척의 고통을 당

사진 7(위) 경복궁 맥아더 추모소 (국가기록원)
사진 8(아래) 국제협교센터 맥아더 추모소 (국가기록원)

한 **제임스 밴 플리트**[10] 미 육군 사령관도 있다. 한국과의 인연으로 치면 연합국군 최고 사령관이면서도 한국 전쟁 전에는 한 번도 조선을 방문하지 않은 맥아더보다는 미군정 사령관이었고 한국 전쟁에도 참전한 **존 하지**[11]가 더 깊다. 그러나 그 장군들은 모두 한국인의 기억 속에서 오래 살아남지 못했다. 유일하게 맥아더가 오늘날까지도 기억되는 것은 그의 업적이나 카리스마, 승리 때문만은 아니다. 한국 공보부(박정희 집권 후 공보실은 공보부로 확장됨)가 맥아더 추모소를 찾은 시민들을 촬영한 사진들이 증명하듯 이승만으로부터 박정희에 걸친 맥아더 신화 만들기가 우리의 역사적 기억에 깊은 영향을 미쳤다.

거국적인 맥아더 추모는 한국 전쟁을 기억하지 못하는 어린 세대의 학생들이나 여성들까지 추모소를 찾게 만들었다. 그뿐만 아니라 미국에서 죽은 맥아더는 사후에 한국에서 진짜 신이 되었다. 박정희 암살 이후인 1980년대 초반부터 인천을 중심으로 맥아더를 몸주신으로 모신다는 무당들이 나타나기 시작한 것이다.

## 3. 포스트 냉전 이후 맥아더의 부활

자, 지금까지 이 글을 꼼꼼히 읽어 온 독자라면 이제 9월 15일은 무슨 날인가라는 질문에 인천 상륙 작전 기념일이라고 자신 있게 대답할 수 있을 것이다. 그렇다면 9월 10일은 무슨 날일까?

인천 상륙 작전의 공식 기억에서 완전히 사라진 그날, 월미도에서는 적이 아니라 강력한 우방 미군이 투하한 네이팜탄 폭격으로 주민 100여 명이 사망하고 온 마을과 숲이 불에 탔다. 북한군이 월미산 정상에서 상륙 부대의 움직임을 간파할 수도 있다고 예상한 맥아더 사령부가 그 섬을 초토화하기로 결정한 것이다. 상륙 작전 자체가 기밀이었기 때문에 폭격 전에 주민들을 소개(疏開)하는 일은 고려되지 않았다. 성공적인 군사 작전의 이면이 대개 그렇듯 인천 상륙 작전의 성공 역시 무고한 희생을 무시하거나 은폐함으로써 성립된 것이지만 냉전이 계속되는 동안 월미도 폭격은 맥아더 신화에 한 점의 그늘도 드리우지 못했다.

맥아더 신화가 흔들리기 시작한 것은 냉전 종식이 가시화된 시기부터였다. 1986년 마르코스의 독재 정치에 종지부를 찍은 필리핀 사람들은 1988년 레이테섬 팔로의 맥아더 동상을 폭파해 버렸다.[6] 민주화로 정권을 잡게 된 아키노 대통령이 국민적 반대에도 불구하고 미국의 군사 기지 협정 연장안에 합의한 데 대한 항의 표시였다. 결국 1992년에 미군은 필리핀에서 철수했다. 한국에서도 민주화 이후 맥아더 동상 이전 문제가 거론되기 시작했다. 1992년 자유공원을 찾은 시민을 대상으로 학생 단체가 주관했던 설문 조사에 따르면 47.6퍼센트가 인천상륙작전기념관이나 전쟁기념관으로 이전에 동의했다.[7] 주된 이유는 냉전의 유물이라는 것이었다. 그다음 해 한국에서는 32년간의 군부 지배에서 벗어나 마침내 문민정부가 들어섰다.

그러나 자유공원의 맥아더 동상은 여전히 남아 있다. 필리핀에서 철수했던 미군도 1999년 **방문군 협정**(Visiting Forces Agreement)으로 다시 돌아왔다. 북핵, 미중 갈등, 사드 배치, 러시아의 우크라이나 침공 등 신냉전의 전운이 감돌면서 한국의 맥아더 신화도 부활하고 있다. 세븐브로이의 맥주 〈맥아, 더〉보다 더 키치한 영화 〈인천상륙작전〉(2016)을 둘러싼 종북몰이 논쟁이 보여 주었듯[8] 맥아더와 인천 상륙 작전을 둘러싼 기억 전쟁은 이미 재점화되었다. 인천시는 2023년부터 인천 상륙 작전 기념일을 프랑스의 노르망디 상륙 작전 기념일처럼 세계적인 규모의 행사로 만들겠다고 발표했다. 이에 시민단체와 진보 정당들은 승전 신화로 왜곡된 그 작전을 기념하기보다는 인천 시민의 무고한 희생을 기억해야 한다고 주장했다. 그러자 국민의 힘 인천시당이 민주주의를 수호한 자랑스러운 인천 상륙 작전을 알리는 것이 우리 시대의 책무라는 논평을 내며 맥아더 기념 논쟁에 가담했다.[9]

문득 필리핀을 떠나며 이렇게 말했다던 맥아더의 목소리가 서늘하게 들리는 듯하다. “나는 돌아올 것이다(I shall return).”

# 냉전의 괴수들

이희원

일제 식민지 말기에서 해방기, 냉전기로 이어지는 동안의 미시사가 담긴 서사를 트랜스내셔널한 관점에서 연구하고 있다. 대표 논문으로 「장혁주 소설의 한국전쟁 형상화 논리 연구-「眼」을 중심으로」(『한국문예비평연구』 73, 한국현대문예비평학회, 2022)가 있다.

## 1. 냉전 괴수를 깨운 '리틀보이'

사물의 형상이 빛과 그림자의 조합으로 구성되는 것처럼 한 사회의 정체는 그 사회가 규정하는 정상성과 기괴함의 모습에서 구체화 된다. 정상성이 '선'이자 '질서'이며 '우리'라면, 기괴함은 '악', '질서의 바깥', 그리고 '우리 아닌 자들'이다. 우연, 무의미, 무작위로 가득한 현실에서 언어적 존재(Homo loquens, 호모 로퀜스)인 인간이 살아갈 수 있는 방법은 아마도 언어로 이해 가능한 이와 같은 선악의 인과율을 규정하는 길이었을 것이다. '이야기 짓기'는 호모 로퀜스가 이러한 현실에 적응하기 위한 본능적 반응이다.[1]

'괴수 이야기'는 사람들이 상정하는 정상성 바깥 기괴함을 구체적으로 상상한 결과물이다. 질서의 안과 밖, 통제 가능성의 내부와 외부는 시공간의 조건에 따라 달라지기에 거기서 만들어지는 괴수의 면모 역시 다르다. 하지만 괴수가 출몰하고 이것과 싸워 이기는 영웅의 이야기가 탄생한다는 사실 자체는 변함이 없다. 동서고금 수도 없이 많은 괴수 이야기를 보라. 그리스·로마 시대의 신화에 등장하는 거대 생명체들, 『오디세이』에 등장해 주인공들을 곤경에 빠뜨리는 괴수들, 인도 『마라하바라』의 괴물들, 중세의 『니벨룽겐의 노래』나 『가웨인경과 녹색의 기사』, 르네상스 시대의 『가르강티아와 팡타그뤼엘』 등을 가득 채우고 있는 기괴한 생명체들, 아시아 각 지역 설화 속에 등장하는 도깨비, 요괴, 귀신, 괴물들도. 괴수 이야기는 인류 역사와 맞먹을 만큼 오랜 세월에 걸쳐 지속되고 있는 것이다. 합리적 이성과 과학 기술로 무장한 근대가 되어도 상황은 마찬가지다. 이제 괴수는 과학의 발달로 상상하게 된 인간의 생명 창조 가능성이 반영된 괴물 프랑켄슈타인이거나, 익명의 사람들로 가득한 근대 도시의 어둠 속을 거니는 살인귀이며, 지구 바깥으로부터 침략한 외계인이다.

이 괴수들은 너무 강력하고 아무렇지 않게 주변을 파괴한다. 괴수에게 인간의 사정은 아무런 의미가 없고, 인간에게 괴수는 요령부득의 거대한 함정이다. 이러한 괴수를 상상하면서 사람들은 눈앞에 맞닥뜨린 공포와 혐오를 불러일으키는 존재들을 투사하고, 근본적으로는 인간이 결코 벗어날 수 없는 죽음에의 공포를 대상화해 삶에서 몰아내려 시도한다. 이처럼 통제 불가능한 것들로 뭉친 괴수 형상이 보여 주는 스펙터클, 그리고 괴수들을 처치하거나 길들이는 영웅 서사 속에 담기는 인간에 대한 무한 신뢰는 인간을 인간이게 하는 원형적 감성 구조라 하겠다. 인류는 괴수를 탄생시키고, 소중한 존재를 지키기 위해 이 괴수와 명운을 건 싸움을 하는 것으로 공동체의 가치와 명분을 획득한다. 인간이 상상할 수 있는 가장 공포스러운 상황을 구현하는 괴물,

그리고 그 괴물과의 사투를 멈추지 않는 인간 의지를 표현한 괴수 서사는 인간의 자의식을 팽창시키는 일종의 훈련장인 것이다.

냉전 '질서'의 시대에도 이러한 '질서의 바깥'을 뭉쳐 만든 괴수 형상이 있었고, 대중의 인기를 얻었다. 냉전 초기에 그것은 거대한 문어나 불가사리, 거미, 공룡 등 그 모습이 다양했다. 기본적으로 이 질서 바깥의 괴생명체는 악으로서의 적대 진영 세력을 상징한다. 이때 괴수의 정체를 구성하는 근본 요소는 핵무기다. 냉전기 사람들의 의식 속에서 무엇보다 강력하게 죽음의 공포와 직결된 대상이 핵무기였기 때문이다. 실질적으로야 어떻든 2차 대전을 종결시킨 것은 히로시마와 나가사키에 떨어진 핵폭탄 '리틀보이'와 '팻맨'으로 기억되고 있다. 투하되는 순간 주변의 모든 생

사진 1
히로시마에 떨어졌던 핵무기 '리틀보이'
(byteboy, Wikimedia Commons)

명체를 죽음으로 몰아넣고, 살아남은 존재들에게는 치명적이고 영구적이며 다음 세대로 이어지는 신체 손상을 가져오는 무시무시한 무기. 이 위력 앞에서 일본이 전쟁을 이어 갈 의지를 갖기는 쉽지 않았을 것이다. 핵폭탄 투하의 결과를 본 세계의 수많은 사람들은 또 어땠을까. 아마도 적대 진영이 핵무기를 우리보다 많이 가지게 된다면 결코 이길 수 없을 것이라는 두려움과, 핵전쟁이 벌어진다면 그때는 승자 패자 할 것 없이 세상의 절멸을 보겠구나 하는 공포를 느꼈을 것이다. 냉전 시대가 냉전 시대로 불리는 이유도 따지고 보면 핵무기와 관련된다. 냉전이라는 말이 풍기는 이미지와 달리 냉전기 내내 세계 각지에서 진영 대결을 명분으로 끊임없이 열전이 벌어졌고, 이데올로기를 이유로 죽어 간 사람의 수는 헤아릴 수 없다. 그럼에도 불구하고 이 시기를 냉전 시대라 부르는 것은, 핵무기를 이용한 '멸망전'이 이 시대 전쟁의 최종장이기 때문이다. 인류 전멸의 핵전쟁 개시야말로 냉전기의 진정한 열전이라 한다면 그 이후에는 인류가 없을 것이기에 이 전쟁을 열전이라 불러 줄 이는 없다. 핵전쟁이 벌어지지 않은 상태까지밖에 인류 역사는 존재할 수 없는 셈이다. 그러니 이 시대 전쟁은 냉전 시대다. 그렇다고 이 멸망전의 가능성을 원천 차단한 평화가 가능한가 하면 그것도 불가능하다. 양 진영이 서로 신뢰하여 핵무기를 모두 폐기하는 일이 가능하겠는가? 언어도단이다.

이런 이유로 냉전 시대의 정체를 구성하는 근간이자 실물 토대는 핵무기다. 때문에 냉전 시대 대중들이 호기심을 가졌던 괴수 상상력 속에 핵무기가 들어가는 것은 필연적이었다.

## 2. 냉전의 기묘한 얼굴, 괴수들의 사정

### 1) 미국의 괴수, 레도사우루스

냉전 시대 괴수 상상력은 영화를 통해 대중의 일상 문화에 퍼지는데, 그 시작은 미국이다. 이 시기 미국에서 만들어지는 '우리 밖' '기괴함'의 상상력은 두 가지 방향으로 나아간다. 하나는 지구 외부로부터 침략한 외계인 서사이고 다른 하나는 지구 속 깊은 내부에 잠들어 있던 고대의 거대 생명체 출현 이야기다. 〈괴물(The thing from Another World)〉(하워드 혹스 감독, 1951)이나 〈지구 최후의 날(The Day the Earth Stood Still)〉(로버트 와이즈 감독, 1951)이 전자에 해당하는 초창기 작품이다. 〈괴물〉은 서사적 긴장감 구성에 아쉬움이 있고, 〈지구 최후의 날〉은 이데올로기 진영 간 적대 의식을 부각하지 않고 '반전(反戰)' 메시지를 던져 매카시즘의 광풍이 불던 미국 사회에서 환영받지 못했다. 대규모 외계인 침공 이야기의 효시가 되는 〈우주전쟁(The War of the world)>(바이런 해스킨 감독, 1953), 이데올로기전의 신경증적 공포를 반영한 <신체 강탈자의 침입(Invasion of the Body Snatcher)>(돈 시겔 감독, 1956) 등이 개봉하기도 했다.

후자 즉 지구 속 괴수가 나오는 영화들은 1953년 무렵부터 선보이면서 대중들의 관심을 받기 시작한다. 그 시작을 알리는 작품이 공룡 형상의 괴수가 등장하는 <심해에서 온 괴물(The Beast from 20,000 Fathoms)>(외젠 루리에 감독, 1953)이다. 피폭 개미가 나오는 <그것(Them!)>(고든 더글러스 감독, 1954 피폭 개미), 방사능으로 만들어진 거대 문어의 <놈은 바닷속으로부터 왔다(It Came from Beneath the Sea)>(로버트 고든 감독, 1954), 고대의 괴생명체 이야기인 <검은 늪지대의 생명체(Creature from the Black Lagoon)>(잭 아놀드 감독, 1954), 피폭 독거미가 나오는 <타란튤라(Tarantula)>(잭 아놀드 감독, 1955), 피폭 메뚜기의 <끝의 시작(Beginning of the End)>(버트 I. 고든 감독, 1957) 등도 이 시기에 만들어진다. 이 중에서 냉전 시대 괴수 이야기로, 가장 많은 인기를 얻고 오늘날까지 재생산되고 있는 우세종 서사는 <심해에서 온 괴물>이다. 이야기의 설정은 핵 실험의 충격으로 지구 깊은 곳에 잠들어 있던 원시 괴수가 깨어나 도시를 공격한다는 것이다. 괴수를 그리는 많은 영화에서 자주 볼 수 있는 형상으로 손꼽히는 것이 거대한 공룡의 모습을 한 괴생명체가 마천루 가득한 도

사진 2 〈심해에서 온 괴물〉 장면 (Warner Bros., Wikimedia Commons)

심을 파괴하면서 레이저 광선을 뿜고 포효하는 모습이다. 그 장면의 원형이 바로 이 영화에서 처음 등장한다.

미국에서 괴수 영화가 연원하는 이유 하나는 영화의 기술 발달 측면에서 찾을 수 있다. 전쟁을 통해 발달하는 것 중의 하나가 전장 기록 기술이다. 사진이나 필름 형태로 기록한 전장의 각종 작전이나 군인들의 활동 사항은 상부에 전시 상황을 보고하고 본국 국민들에게 승전하는 자국 이미지를 선전하기 위한 근거로 활용되었다. 이렇게 전장에서 발달한 기록 기술들은 이내 사람들의 일상에 유입되는데, 영화 촬영 기술이 그것 중의 하나다. 강력한 무기 제조 기술은 강화된 카메라의 외장 제작 기술에 적용되고, 촬영 대상을 선명하고 실감 나게 담을 수 있는 카메라 성능의 발달로 이어졌다. 전장을 기록해 본국에 전달하는 과정에서 인간의 인지 구조에 부합하는 자연스러운 화면 구성 기술이나 편집 방식이 고도화되기도 하는데 그것 역시 영화 작업에 적용되었다. 세계 최대 규모의 군사력을 보유한 미국을 중심으로 첨단의 특수 촬영 기술을 기반으로 하는 괴수 SF 영화가 만들어지기 시작하는 것은 이런 이유로 자연스러운 일이었다.

그리고 핵무기에 대한 미국 대중의 인식도 미국에서의 괴수물 영화 탄생의 원인으로 꼽을 수 있다. 예로 든 작품들에서 확인할 수 있듯 대부분의 영화 속 괴수 탄생은 핵 실험에서 기인한다.

괴수들은 미국의 번화한 도시를 철저히 파괴하고 사람들의 목숨을 아무렇지 않게 없애 버린다. 핵 기술 개발 과정의 영향으로 만들어진 괴수들의 위험성은 핵무기의 파괴력과 매한가지다. 미국이야말로 핵무기를 만들어 처음 사용한 국가, 핵무기의 시발점에 놓인 국가다. 이 무기를 공산 진영에서 사용한다면 표적은 자유 진영의 '대장' 격인 미국이 될 것임에 틀림없다. 무시무시한 핵무기를 어떻게 다루고, 어떻게 의미화할 것인가에 대한 1호 당사자가 바로 미국/인인 것이다. 미국에서 만들어진 핵 기술 발(發) 괴수 이야기에는 그 파괴력의 정도를 정확히 가늠할 수도 없는 핵무기가 자국 안에서 생산·보관되고 있는 현실 자체에 대한 불안, 적대국이 핵무기로 공격해 온다면 우리는 어떻게 될 것인가에 대한 강한 공포, 불안하지만 우리가 핵무기를 가지고 있다는 것에 대한 우월감과 안도감 등 핵에 대한 미국인의 혼재된 인식이 반영되어 있다. 핵무기는 냉전을 냉전이도록 하는 조건이면서 동시에 냉전을 견디게 하는 약이자 냉전이 가져올 최악의 모습을 품고 있는 독이었다.

핵 기술에 의해 만들어진 괴수는 이처럼 냉전 시대가 갈음한 피아(彼我)의 정체와 냉전을 구축한 핵 기술 등에 대한 복합적인 대중 감성이 뭉친 형상이었다. 괴수와 인간이 대결하는 스펙터클의 반복적 시청을 통해 대중들은 핵의 파괴력에 대한 공포심이나 적대 진영에 대한 호전성을 일상화했고, 사람들이 허용할 수 있는 폭력성에 대한 역치를 높여 나갔다.[2]

### 2) 일본의 괴수, 고지라

핵무기가 깨운 괴수물 영화를 통해 핵을 일상화하려 했던 또 하나의 나라가 있었다. 이 나라 역시 핵무기의 1호 당사자라 할 수 있는데, 바로 일본이다. 미국이 핵무기를 처음 '사용한' 나라라면, 일본은 그 핵무기가 처음 '사용된' 나라다. 그런 만큼 핵무기·핵 실험을 원인으로 깨어난 괴수 이야기가 일본에서는 더 다양한 서사를 품고서 만들어진다.

일본에서 냉전 괴수물의 시작을 알린 작품은 혼다 이시로 감독의 1954년 작 〈고지라(ゴジラ)〉다. '고지라'라는 이름은 1930년대에 인기를 누렸던 할리우드 괴수물 영화 〈킹콩〉에서 괴수 '콩'의 동물 모델인 '고릴라'와 고래를 의미하는 일본말 '구지라', 이 두 단어가 결합해 만들어진 것으로 알려져 있다.[3] 이 영화는 한 해 전인 1953년 미국에서 개봉한 〈심해에서 온 괴물〉의 주요 설정을 많은 부분 차용해 왔다. 핵 실험의 여파로 땅속 깊은 곳에 잠들어 있던 괴수가 깨어나 풍요로움이 가득한 도시와 행복한 사람들을 무차별 공격한다는 설정, 공룡과 유사한 괴수 형상, 적의 출현을 알리는 언론의 격앙된 목소리와 그것에 히스테릭하

사진 3  핵 실험 장면 (The Official CTBTO Photostream, Wikimedia Commons)

게 집중하는 사람들의 모습 등등이 두 작품에서 겹친다. 기술의 한계로 할리우드식 스톱모션 촬영 기법을 쓰지 못하고 고지라 모양의 고무 수트를 입은 사람이 미니어처 세트장에서 연기하는 방식으로 촬영되었는데 이 부분이 오히려 관객으로부터 좋은 반응을 얻었다고 전해진다. 핵 기술에 의해 등장한 괴수가 일본 열도를 혼란에 몰아넣는 설정의 이야기를 특수 촬영이라는 흥미로운 볼거리로 포장해 선보인 〈고지라〉는 흥행에 성공하고 이후로 〈고지라의 역습(ゴジラの逆襲)〉(오다 모토요시 감독, 1955), 〈킹콩 대 고지라(キングコング対ゴジラ)〉(혼다 이시로 감독, 1962) 등으로 이어지면서 시리즈물로 확장된다. 〈고지라〉의 기술과 흥행 성공에 힘입어 **가메라 시리즈** 역시 동시대에 만들어져 괴수물의 인기를 증명한다.

일본에서 〈고지라〉 등 괴수 영화의 흥행 요소 중 하나이자 미국산 괴수물과 차이 나는 점은 무엇보다 관객의 심금을 울리는 서사 설정에 있다. 미국산 괴수물 대표 주자 〈심해에서 온 괴물〉을 보라. 이 영화에서 '괴수 출현과 퇴치'의 단순성을 벗어나는 요소는 거의 없다. 반면 이 작품을 차용한 〈고지라〉는 다르다. 작품 초반에 정체불명의 힘에 공격받는 선량한 어부의 모습을 비중 있게 보여 주는데, 이 장면은 번쩍이는 섬광과 버섯구름 등 핵 공격을 연상시키는 모습으로 구성된다. 이는 당시 영화 개봉 전에 비키니 환초에서 있었던 미국의 수소 폭탄 실험으로 인해 폭심에서 160km나 떨어져 있던 일본 선원이 피폭당한 일을 떠올리게 한다.[4] 그리고 시간을 거슬러 1945년 미국의 원폭 투하로 히로시마와 나가사키가 초토화되고, 세대를 이어 피폭의 고통을 겪는 사람들을 생각하게 만든다. 그래서 고지라의 등장이 천재지변이 아니라, 사실은 '핵 실험'에 의한 인재(人災)임이 강조되고, 핵 공격을 받은 피해국으로서의 일본 역사가 비극적 정조로 부각된다.

그리고 〈심해에서 온 괴물〉과 〈고지라〉 모두에 과학자의 희생이라는 설정이 등장하는데, 〈심해에서 온 괴물〉에서 그려지는 과학자의 죽음은 아쉽고 안타까운 일이지만 서사의 핵심은 아니다. 하지만 〈고지라〉에서 희생되는 과학자는 고지라를 처치하는 과정에서 결정적인 역할을 하다가 죽음에 이르는 설정을 취하고 있다. 사정은 이렇다. 고지라를 죽일 수 있는 무기를 한 과학자가 발명하게 되는데 그는 이 무기를 실수 없이 조작하기 위해, 그리고 이런 식의 대량 살상 무기가 지상에 존재하는 일이 없도록 하기 위해 무기와 관련한 지식을 가진 자기 목숨을 희생하는 길을 택한다는 이야기다. 세상에 있어서는 안 될 가공할 위력을 가진 핵무기를 개발한 자들은 이것을 없애지 못했지만 핵무기보다 강한 무기를 개발하고도 이 과학자는 인류애를 발휘해 이것을 없애는 선택을 하는 것이다. 핵무기의 피해를 실제로 겪은 일본/인의 입장에서 나올 수 있는 설정이다.

일본은 1945년 미국의 핵 공격으로 인류 최초의 핵무기 피해국이 되었던 만큼 핵무기에 대해 세상 그 누구보다도 무게 있는 발언을 할 수 있는 셈이다. 그렇다고 핵과 일본의 관계가 마냥 단순한가 하면 그렇지 않다. 일본은 분명 2차 대전 전범국으로서 핵무기 공격을 받을 원인을 만든 당사자였다. 그러나 아이러니하게도 일본은 미국으로부터 핵무기 공격을 받은 이후에 폭격의 장본인인 미국이 제공한 핵우산 아래에서 미국의 확고한 우방국으로 국제적 위상을 분명히 하고 있기도 하다. 이처럼 일본에 있어 핵무기에는 상충하는 역사와 정치가 마주하고 있어, 이를 봉합할 수 있는 의미를 지어내는 것이 사회적 과제가 아닐 수 없다. 위에서 언급한 것처럼 일본에서 탄생한 괴수물 서사가 미국 괴수물처럼 단순한 선악 대결의 서사에 담기지 않는 것은 이러한 이유에 의한다. <고지라>에서 핵무기·핵 실험으로 의도치 않게 깨어난 고지라도, 고지라에 의해 죽임을 당한 사람들도, 고지라를 처치한 자들도 정도의 차이는 있지만 희생자로서 안타까움을 자아내는 대상으로 그려지고 있다. '희생'과 '동정'으로 이루어진 '비극의 정조'를 통해 이 영화는 일본의 전범 가해국으로서의 입장을 숨기고 핵무기에 얽힌 복잡한 국민 감성을 통합하고자 한 것이 아닐까. <고지라> 시리즈가 이어지면서 인간과 괴수의 대결이 아니라 악한 괴수와 선한 괴수 간의 대결로 변화되는 것도 냉전과 핵무기에 얽힌 일본인의 실제 복합적 감각을 부담 없이 소비할 수 있는 형태로 변형한 결과로 보인다.

### 3) 한국의 괴수, 용가리

우리 사회는 냉전을 국토 분단이라는 기묘함으로 맞이했고 냉전 시대 첫 열전인 한국 전쟁으로 아프게 기록해야 했다. 전쟁으로 폐허가 된 50년대 한국 땅은 경제적 빈곤에 시달렸고, 독재 정권의 불합리한 권력 남용이 견제 세력 없이 사회 전반에 만연했으며, 레드 콤플렉스가 사람 간의 불신과 대립 구도를 전염시켰다. 영화는 이러한 시대 상황에 있던 사람들의 공동체 감각을 반영·조성하는 대중문화의 한 축으로 작동했다. 괴수물 영화의 생산은 앞서 미국이나 일본의 상황에서 추측할 수 있듯 그 사회의 경제적 풍요와 높은 과학 기술 수준, 괴수 특촬물 영화를 볼 마음이 있는 대중, 이들의 당대 감성 구조를 안전하게 반영한 괴수 형상 및 서사 흐름 등이 갖추어져야 가능한 일이었다. 우리 사회에서 이런 요소들이 맞아떨어져 괴수 특촬물로 만들어질 수 있었던 때는 1960년대 중반을 지나면서였다. 한국산 괴수 특촬물은 1967년에 드디어 개봉하게 되는데, 권혁진 감독의 〈우주괴인 왕마귀〉와 김기덕 감독의 〈대괴수 용가리〉가 그것이다.

비슷한 서사의 신파·멜로·반공영화가 한국 영화계 전반을 채우고 있던 시기에 괴수 특촬물 영화는 새로운 장르의 볼거리로 사람들의 관심을 끌었다. 두 작품 모두 괴수 모양의 고무 수트와 미니어처를 이용한 특수 촬영 기술로 만들어졌다. 하지만 〈우주괴인 왕마귀〉는 당시의 국내 기술로 만들었으며 흑백으로 구성되었고, 〈대괴수 용가리〉는 〈고지라〉 제작에 참여했던 일본 기술진을 초빙해 제작하면서, 컬러 스펙터클을 선보였다. 괴수 형상도 〈우주괴인 왕마귀〉의 괴수보다 실감 나 사람들의 호응도가 컸다. 개봉 시기의 경우 〈우주괴인 왕마귀〉가 1967년 6월이었고 〈대괴수 용가리〉가 1967년 8월이었는데, 이 영화들의 예상 관객인 학생들의 방학 시기가 8월이었던 점에서 〈대괴수 용가리〉에 학생들의 접근성도 좋았다.[5] 서사 구성의 밀도 면에서도 〈우주괴인 왕마귀〉보다 〈대괴수 용가리〉가 치밀했다. 이런 여러 이유로 〈대괴수 용가리〉는 흥행에 성공하고 한국의 괴수 특촬물 영화의 대표 주자가 되었다.

두 영화의 내용을 살펴보면, 〈우주괴인 왕마귀〉에 등장하는 외계인은 원자 폭탄으로 인해 자신들이 살던 행성이 초토화되어, 새 땅을 찾아 우주를 떠돈다. 인간이 핵전쟁으로 파국을 맞이한다면 바로 이들과 같은 처지가 될지도 모를 일이다. 이들은 우주를 떠돌다 지구를 정복하기로 하고 자신들의 꼭두각시인 괴물

사진 4 1971년 명동국립극장 (조성봉, 셀수스협동조합)

을 지상에 내려보낸다. 이 괴수와 대적하던 사람들이 결국 원자 폭탄마저 사용하려는 모습을 보이자 외계인들은 지구를 포기하고 괴물도 스스로 파괴하고 떠난다. 원자 폭탄이 터지게 되면 지구도 결국 생명이 살 수 없는 폐허가 될 것이기 때문이라는 것이 이 외계인들의 입장이다. 외계인과 괴수를 결합한 서사를 구성했다는 점에서 독창적인 면이 있지만 갈등의 주축 사이 대결이 약해 서사의 긴장감은 낮다.

〈대괴수 용가리〉는 앞서 살펴봤던 미국의 〈심해에서 온 괴물〉이나 일본의 〈고지라〉와 유사한 서사로 구성되어 있다. 괴수 용가리의 설정 자체가 그러한데, 용가리는 지구 내핵에 잠들어 있던 고대 생명체로 원자 폭탄 실험의 충격으로 깨어나 한반도로 들어온다. '용'과 '불가사리'의 결합으로 이름 지어진 '용가리'[6]는 한반도의 도심과 산천을 무차별적으로 파괴하고 사람들을 죽음으로 몰아넣는다. 판문점 근처에서 솟아 나와 남한을 공격한다는 설정에서 북한을 위시한 공산 세력의 침략을 의미하기도 한다. 역시 냉전 시대의 괴수답게 당대 사람들의 공포의 대상인 핵, 그리고 핵을 가진 공산 세력을 반영한 괴수 형상이다. 주인공들은 용가리에 의해 무너진 평화롭고 행복한 일상을 회복하기 위해 용감히 맞선다.

일본의 괴수 서사가 일본 나름의 역사 속에서 변형되었던 것처럼, 우리나라의 괴수 서사도 독자성을 갖는다. 첫 번째는 괴수가 등장했을 때 무질서에 빠지는 사람들의 모습을 비추는 데 시간을 오래 할애하고 있다는 점이다. 〈우주괴인 왕마귀〉에서는 괴수에 의해 파괴된 도심을 우왕좌왕 헤매는 사람들의 무리를 계속 보여 준다. 이 무리는 괴수가 없는 곳을 향하는 탈출구를 찾기보다, 사람들끼리 무질서하게 엉켜 헤매거나 괴수의 공격을 피해 언제 무너질지 모르는 건물 안에서 계단 위를 향해 올라갈 뿐이다. 게다가 영화는 괴물을 보고도 누가 더 오래 도망치지 않고 참을 수 있는가 하는 어이없는 내기를 하는 인물들을 보여 준다거나, 건물 안에서 신문지를 깔고 대변을 보다가 건물이 흔들려 자신의 대변 위에 주저앉게 되는 사람을 그리는 등 코믹 요소를 심어 두고 있다. 괴수의 공격으로 사람들이 죽어 가는 위기 상황에 넣어 둔 이런 웃음 코드는 아무리 예상 관객인 어린이의 시각에서 살펴보더라도 억지스러운 면이 있어 보인다. 〈대괴수 용가리〉에서 그려지는 시민의 면모는 〈우주괴인 왕마귀〉와는 또 다른 무질서를 반영한다. 용가리의 공격으로 초토화되는 도심의 사람들은 왕마귀의 공격에 쫓기는 사람들에 비해서는 질서정연하게 도망을 친다. 하지만 영화는 이 파멸의 상황에서 아예 도망치기를 포기하고 식욕과 색욕 등 향락의 세계로 빠지는 사람들을 장시간 보여 준다. 이들은 식당에서 게걸스럽게 음식과 술을 먹고, 클럽에서 음악과 춤의 무아지경에 빠진다. 이처럼 위기 상황에서 무질서로 일관하는 사람들의 모습은 무능하고 무기력해 보인다.

그렇다면 이 혼란 정국 수습의 힘은 누구에게 있을까. 그것은 과학자와 군인이다. 제대로 된 판단력을 유지하고 괴수에 대응할 수 있는 능력을 가진 자들은 공황 상태에 빠지는 사람들일 수 없고, 행정가나 정치도 아니다. 절도 있는 행동으로 괴물에 총을 쏘는 군인, 그리고 국가를 생각하는 뛰어난 과학자뿐이다. 물론 미국산 〈심해에서 온 괴물〉에서도 괴수를 퇴치하는 데에 군인과 과학자가 강조되고 일본산 〈고지라〉의 경우에는 건실한 기업인(일본은 **헌법 9조**에 의해 군대 조직을 가질 수 없기에 군인이 기업인으로 대체된 것으로 보임)과 과학자가 괴수를 퇴치한다. 하지만 두 영화 모두 〈우주괴인 왕마귀〉나 〈대괴수 용가리〉에서처럼 무능한 일반인과 반대되는 존재로 그 면모가 강조되지는 않는다. 〈우주괴인 왕마귀〉와 〈대괴수 용가리〉에서 군인과 과학자를 해결사로 강조하는 설정은 당시 군사 정권하에서 한국 사회 권력의 추가 어디로 기울어 있었는지, 그리고 그 권력 구도 속에서 국민을 어떤 모습으로 의미화하고 있었는지를 짐작하게 한다.

한국형 괴수 서사의 두 번째 특징은 소년 캐릭터 비중이 확대되고, 소년과 괴수의 친연성이 강조된다는 점이다. 〈우주괴인 왕마귀〉나 〈대괴수 용가리〉에서 괴수와 직접적으로 부딪쳐 괴수의 생리를 알아차리는 자들은 모두 소년이다. 이 소년들은 군인이나 과학자는 아니지만 보통의 어른들처럼 겁에 질려 있기보다는 미지의 대상에 대한 대결 의식이나 호기심이 더 크다. 이 소년들 덕분에 군인과 과학자는 사랑하는 여자를 지킬 수 있게 되고(<우주괴인 왕마귀>), 괴수를 퇴치할 수 있는 방법의 힌트를 얻는다(<대괴수 용가리>). 이러한 설정은 아직 완전히 사회화되지 않아 거칠고 장난기가 심한 소년들이지만 바로 이들이 장래의 군인이요 과학자로, 우리 사회를 지켜 줄 것이라고 암시한다. 두 작품 모두 끝부분에 소년이 결혼으로 묶인 남녀 '핵가족'의 일원으로 복속되는 모습을 보여 준다. 이는 소년의 완성된 사회화를 암시하고, 위기가 해소된 안전하고 행복한 사회가 용인하는 개인의 모습이 어떠해야 할지 가이드한다. 괴수 스펙터클에 이목을 빼앗긴 어린이 관객들은 무의식중에 이 서사의 지당함에 동의하며 60년대 말기 한국의 냉전 체제에서 국가가 필요로 하는 국민상에 대해 교육받게 된다.

1960년대 후반이 되면 국제 사회의 냉전 분위기는 1950년대식의 강고한 이데올로기 대립과 60년대 초중반에 있었던 핵전쟁 발발 위기로부터 탈피해, 양 진영 간 **데탕트** 분위기가 마련되고 있었다. 반공 이데올로기를 국시로 해 사회를 통제하고 비민주적 방식으로 경제 발전에 박차를 가하고 있던 박정희 정권의 입장에서 이런 분위기는 반공 의식의 해이 즉 권력 기반의 붕괴를 알리는 위험 신호였다. 1960년대식 한국 괴수 영화에는 이러한 사회 분위기에 긴장감을 부여하는 관점이 반영된 것으로 보인다. 즉 괴수 형상을 한 적이 언제 침략할지 모르는 것이 우리의 상황이라는 점, 위기 상황에서 무능할 뿐인 시민들, 이 시민들을 구해 줄 군인과 과학자, 이들 군인과 과학자의 후예로서 괴수 처치에 일조하는 후세대 육성 등의 통치 구호가 이들 괴수 영화에 담겨 있는 것이다.

하지만 한국의 정치적 특성만으로 세계적 데탕트 분위기를 막을 수는 없었다. 공산 진영과의 공존 가능성을 타진하는 국제적 조류가 있었고, 핵무기나 핵 기술에 대해 냉전의 근거로서의 의미만이 아니라, 인간의 삶을 풍요롭게 만들어 줄 수 있는 기술이라는 긍정적 성과로 일상화할 논리가 필요한 시대였다. 이러한 흐름은 박정희 정권의 억압적 통치 기조와 불편한 동거를 할 수밖에 없는 상황이었다. 〈대괴수 용가리〉에서 소년과 괴수의 관계 설정에 이러한 관점이 반영되어 있는데, 소년은 모든 사람이 두려워하는 괴수 용가리에 대해 정서적 친밀감을 느끼면서 용가리와 함께 춤을 추며 놀고, 작품 후반부에서는 용가리를 죽이려는 어른들을 말리기도 한다. 용가리를 죽이기보다는 뛰어난 과학기술로 통제하여 인간과 공존할 수 있는 가능성을 제안하는 것이다. 1954년 일본에서 고지라가 개봉했을 때 일본 관객들이 죽어 가는 고지라를 보며 동정심을 느끼고 눈물을 흘렸다고 한다. 이때 고지라와 공감하며 흘린 사람들의 눈물은 아마도 원자 폭탄에 의해 원치 않게 깨어나 있어서는 안 될 곳에 있게 된 고지라의 모습에서 원폭 피해자 일본인 자신들의 모습을 봤기 때문이지 않을까. 이후로 10년이 훌쩍 지난 1967년 한국 땅에 도착한 용가리는 고지라 만큼이나 '죽을 고생'을 하지만 작품 안에서 이미 '친구'의 이미지를 얻게 되었고 그의 죽음을 저지시켜 줄 조력자도 만난 것이다. 용가리가 사람을 무차별적으로 죽이는 괴수이면서 동시에 친구가 될 수 있었던 것은 해빙되어 가는 냉전 무드의 반영으로 보인다. 60년대에 만들어지는 일본의 괴수 시리즈 영화들에서도 이러한 변화는 확인된다.

핵무기는 냉전의 물적 토대로서 냉전을 냉전이게 하는 근거였다. 이 시기 한 나라의 정체성은 핵을 가졌는지의 여부, 그리고 어느 나라의 핵우산 아래에 소속되어 있는가 하는 점에 따라 결정되었다 해도 과언이 아니다. 핵은 고도의 기술을 통해 탄생한 강력한 무기였고, 에너지원으로 변용할 수도 있었기에 대부분의 나라가 가지고 싶어 하는 대상이었다. 하지만 가지고 있는 것만으로도 위험한 것이었고 한 번 가진 이상 버리거나 완전히 없앨 수 없는 것이기도 했다. 핵의 위력이 깨워 낸 냉전의 괴수는 이처럼 악마적 적대 진영의 얼굴이면서, 비극적 운명의 표상이기도 했고, 또 때로는 잘 통제·관리해 우리의 일상 속에 안착시켜야 하는 대상이기도 했다. 하지만 영원할 것 같았던 냉전 시대, 냉전 괴수도 시대 변화에 따라 또 다른 모습을 갖추어 갔다.

## 3. 괴수들의 멀티버스

1960~1970년대 이후 미국에서는 〈심해에서 온 괴물〉류의 괴수 퇴치 서사보다, 우주를 개척하는 미국 이미지가 강조된 SF 영화 제작이 활발해졌다. 지구 속 괴수의 자리는 지구 밖 외계인이 많은 부분 차지하게 되고, 이 괴생명체와 인간과의 관계 양상은 다양한 설정들로 확산된다. 1970년대 〈스타워즈〉 시리즈나 〈미지와의 조우〉, 1980년대 〈E.T.〉, 1980년대부터 시작되어 오늘날까지 이어지고 있는 〈에일리언〉 시리즈, 1990년대 〈터미네이터〉 시리즈 등등이 그 예다. 일본 괴수 시리즈의 경우에는 핵 실험을 통해 깨어난 원시 괴수의 종류를 다양화하는 쪽으로 발전하는 특징을 보인다. 고지라, 가메라, 레기오, 쟈이가, 메카고지라, 데스토로이아, 모스라, 킹기도라, 바루곤, 갸오스 등 수많은 괴수

사진 5  상점에 진열된 E.T. (Coastal Elite, Wikimedia Commons)

가 이 시기에 탄생한 괴수들이다. 이들을 주인공으로 한 영화들은 미국 등 세계 여러 나라에 수출되어 인기를 얻었고, 오늘날에도 각종 영화, 애니메이션, 게임 서사 등에 등장하고 있다. 이렇게 괴수들이 많아지면서 나타나는 서사 특징은 괴수와 인간 사이가 아니라 괴수 간의 대결 구도가 강조된다는 점이다. 즉 괴수들이 선한 편과 악한 편으로 나뉘어 싸우는 것이다. 이는 괴수 영화에서 통상적으로 감각할 수 있는 이데올로기 진영 간 대결을 반영하면서도 그 대결에서 인간을 제외함으로써 인간을 절멸전의 대결 구도로부터 보호하는 효과를 낸다. 인간은 핵 기술의 공포를 자신의 몫으로 갖지 않는 상태에서 흥미로운 대결 구도를 관전하는 구경꾼으로 후경화되는 것이다. 우리나라의 경우 제작비 마련과 기술력 문제 등에 대한 부담으로 1967년 이후 괴수물 제작이 이어지지는 않고, 미국 등지에서 제작된 영화를 수입해 소비하는 양상을 보였다.

1991년 소련이 붕괴되면서 냉전은 종식되었다. 하지만 이것이 세계의 평화로 이어지지는 않았다. 냉전 시대의 개막이 한국 전쟁이었다면 탈냉전 시대의 개막은 걸프전이었으므로, 미국을 패권국으로 하는 탈냉전 시대에도 악마화한 적의 출현은 끝이 없었던 셈이다. 오늘날 세계는 한편으로 상상을 초월할 정도로 발달한 과학 기술 시대를 맞이해 새로운 인식 체계가 요청되고 있으면서, 다른 한편으로는 둔화하는 경제 성장 지표에 대한 위기감을 공유하고 있다. 오랜 세월 이어진 종교·민족·인종·영토·경제적 이윤과 관련한 대결이 지속되고 있고, 사회 갈등의 주체는 끊임없이 분화하고 있으며, 해결되지 않은 갈등은 다음 갈등의 원인으로 이어지고 있다. 2000년대 이후 미국과 중국 간 대결이 심화되면서 이제 세계는 '신냉전 시대'라 일컬어지고 있기도 하다. 냉전 종식이 평화로 귀결된 적 없는 상황에서 새로운 냉전이 더해진 형국이다. 게다가 이제는 인류 절멸이 아니라 인간에 의해 오염된 지구의 안위 자체를 걱정해야 할 때이기도 하다. 표적으로 삼을 적은 너무 많고, 표적을 제대로 식별하기도 어려운 시대다. 최근에 만들어지는 괴수물 영화의 세계관은 이러한 카오스적 현실을 반영한다.



홍행성과 작품성 면에서 의미 있는 고지라류 괴수물로 할리우드에서 만들어진 것이 2014년에 개봉한 〈고질라〉다. 1954년 일본의 고질라와 비슷한 설정으로 이어지는 이 영화는 소위 '몬스터버스(괴수Monster+세계Universe)' 즉 '레전더리 픽처스'와 '워너브라더스'가 기획한 일종의 괴수 '시네마틱 유니버스'의 신호탄이 된다. 2019년에는 〈고질라: 킹 오브 몬스터〉가, 2021년는 〈고질라 VS 콩〉이 개봉해 흥행에 성공하고 있다. 이후로 속편 제작 소식도 계속해서 들리고 있다. 이 영화들의 역사관·세계관이 가지는 한계는 명확하지만 70~80년대 것과는 비교할 수 없는 첨단의 기술로 구현한 선한 괴수와 악한 괴수 간의 육탄전은 분명 관객에게 큰 시각적 카타르시스를 안긴다. 일본에서도 괴수 간 대결을 보여 주는 영화들이 계속 생산되고 있다. 2016년에 〈신고지라〉가, 넷플릭스 오리지널 시리즈 애니메이션으로 〈고질라〉(2018)가 만들어지기도 했다. 최근에는 야마자키 타카시 감독의 실사 영화 〈고지라〉가 2023년 11월 개봉을 기다리고 있기도 하다.

이 와중에 괴수의 등장으로 빚어지는 문제들에 대한 성찰이 돋보이는 작품들도 만들어진다. 정체불명의 괴수에 의해 극단적인 죽음의 공포 앞에 놓인 사람들이 어떤 식으로 현실을 감내하기 위한 방법을 찾는지 충격적으로 보여 주는 〈미스트〉(2007)나, 괴수 등장으로 만들어진 재난 상황에서 보통의 사람들이 어떤 지옥을 경험하고 얼마나 의미 없이 스러져 가는지를 핍진하게 추적하는 〈클로버필드〉(2008) 등이 그 예가 될 것이다. 괴수와 인간의 경계가 불분명해지는 영역을 형상화해 선악 이분법의 한계를 비판적으로 통찰하는 작품들도 등장하고 있다. 〈디스트릭트9〉(2009)이 대표적이다. 하지만 블록버스터라 할 수 있는 괴수물들에는 여전히 선으로서의 미국과 악으로서의 소련(혹은 중국)의 대결 구도, 또는 숭고한 희생자 일본인 이미지 등이 어떤 식으로든 반영되는 경우가 대부분이다. 이런 측면에서 봉준호 감독의

〈괴물〉(2006)도 눈여겨볼 만한 작품이다.

이렇게 괴수들은 계속해서 나타나고 싸우고 도심을 파괴한다. 등장하는 순간 생사를 건 사투로 일관하는 이 괴수들의 스펙터클은 신냉전 시대를 살아가는 사람들의 취향에 맞추어 가며 여기저기서 편재한다. 괴수들의 멀티버스에서 우리는 이 시대의 어두움이 무엇인지, 이것이 우리를 어떤 공포, 어떤 영웅과 조우하게 하는지 생각해 보아야 할 것이다.

# 2

어린이의 얼굴을 한 전쟁

어린이의 얼굴을 한 전쟁

# 어린이의 얼굴을 한 전쟁

# 잊혀진 전쟁의 잊혀진 아이들[1]

김경숙

문학 박사, 부산대 강사. 냉전 시대 문학과 미디어에 대한 관심이 많다. 1950~60년대 극문학에 대한 연구를 꾸준히 하고 있으며 대표 논문으로 「한국연극사에서 사상계의 위치 연구」(2018), 「신문소설의 영화적 변용연구」(2018), 「사상계 게재희곡에 재현된 가족담론과 가족해체 양상」(2021) 등이 있다. 부산대 연구팀과 함께 『사상계 냉전근대한국의 지식장』(2020)을 발간하였다.

## 1. 불행한 역사는 반복되는가?

우크라이나 전쟁이 시작된 지 벌써 1년이 지났다. 러시아 대통령 블라디미르 푸틴이 러시아 국민과 우크라이나군을 대상으로 「특수 군사 작전의 실행에 대하여」란 연설을 한 몇 시간 후에 우크라이나를 침공한 것이 작년 2월 24일이니 말이다. 이 전쟁은 21세기 들어 발발한 첫 유럽 국가 간 전쟁으로 기록되며 러시아가 주장하는 명분에도 불구하고 푸틴의 종신 집권을 위한 치적용 전쟁이라는 비판이 지배적이다. 또 전쟁이 장기화됨에 따라 미국을 비롯한 북대서양조약기구(NATO)회원국들이 우크라이나에 첨단 무기를 제공하는 등 사실상 대리전의 양상을 띠고 있다. 유엔 인권 고등판무관실(OHCHR)이 밝힌 바에 의하면 전쟁 1년 만에 발생한 양측 군인 사상자가 현재 20만 명인데 이것은 10년 걸린 아프간전의 13배를 넘는 숫자이다.[2] 또한 최소 7,031명의 민간인이 숨지고 1만 1,327명이 부상을 입었다. 그중 우크라이나의 어린이 및 청소년 사망자가 433명, 부상이 827명이라고 한다.[3] 앞으로 무고한 민간인이 얼마나 더 희생될지 심히 우려된다.

이제까지 다른 나라의 전쟁 소식은 누군가의 생명이 시시각각 위협받고 있는 급박한 상황임에도 멀게만 여겼었다. 아프리카 수단의 내전 소식 때도 그랬고 걸프전 때 게임기 앞에 앉은 느낌으로 심야의 이라크 공습을 관전했던 기억이 그랬다. 하지만 북한 무인기의 우리 영공 침범이 최근의 일이고 보니 이번만큼은 전쟁이라는 화두에 마냥 무감각할 수가 없다. 모든 일에는 전조가 있다고 했던가? 최근 들어 잦아진 북한의 무력 도발을 떠올리며 우크라이나의 현재 상황에 신경을 곤두세우는 사람이 비단 나 혼자만은 아닐 것이다. 특히 얼마 전 뉴스에서 접한 우크라이나 전쟁고아의 영상은 이미 수많은 전쟁 경험 DNA를 장착한 민족의 일원으로서 예사롭게 넘겨지지 않았다. 아무리 인류의 역사가 곧 전쟁의 역사라고는 하지만 문명과 과학이 이렇듯 진일보한 21세기에 울고 있는 전쟁고아라니 이 얼마나 미개한 소식이던가? 전쟁은 어른들이 창작한 폭력이요 전쟁고아는 그 폭력에 의해 짓밟힌 가장 여린 꽃이다. 전쟁과 전쟁고아는 불가분의 관계이지만 또 절대 양립하는 것을 허용해서는 안 된다. 그러나 양립해서는 안 되는 이 문제가 만약 발생할 경우 전쟁고아 문제는 전쟁 필요의 그 어떤 명분보다도 우위에서 다루어져야 마땅하다. 그래서 "모든 전쟁은 아이들을 대상으로 치러진다."라는 에글렌타인 젭의 말은 전쟁이 사라져야 하는 가장 절대적인 이유를 말했기에 그 울림이 크다. 내전으로 폐허가 된 수단에서 이태석 신부가 간곡히 전했던 메시지 역시 "전쟁으로 희생되는 많은 아이들의 삶이 파괴되는 것을 막기 위해서 전쟁은 무조건 없어져야 한다."였다.

하지만 인류가 멸망하지 않는 한 아마도 전쟁은 계속될 것이다. 이는 지금까지의 반복된 역사가 증명해 왔고 또 예측 가능한 일이다. 농전국가(農戰國家)를 이상이라 했던 법가(法家)의 상앙(商鞅)과 반전(反戰)사상을 온몸으로 실천한 묵자(墨子)의 길고 긴 논쟁은 2천 년 전부터 시작되었으나 아직도 지루하게 계속되고 있으며 지금도 지구 곳곳에서 갖가지 이유로 전쟁은 일어나고 있으니 말이다. 그렇다면 진정 불행한 역사는 반복될 수밖에 없는가? 백번 양보하여 전쟁이 역사의 반복된 비극일 수밖에 없다면 이 대목에서 우리가 할 수 있는 차선은 과연 무엇일까? 그것은 전쟁의 폭력성을 기억하고 그 기억을 끊임없이 증언하는 것 그래서 반전의 스크럼에 더 많은 이를 동참하게 하는 일일 것이다.

사진 1, 2, 3은 시대가 바뀌었을 뿐 전쟁이 여전히 반복되고 있음을 단적으로 보여 준다. 또한 전쟁의 폭력성을 기억하고 증언하는 저력도 역시 보여 주고 있다. 역사적으로 한때는 침략과 정복의 전쟁을 현명하다고 여기던 시대도 있었다. 하지만 오늘날 대다수는 아무리 그럴싸한 명분을 내세우더라도 소수의 호전주의자들이 일으킨 전쟁으로 무고한 희생이 발생하는 것을 용인하지 않는다. 이런 의미에서 푸틴이 희대의 전쟁광인 히틀러에 비유된 사진 3의 문구가 눈길을 끈다. "평화로울 때는 자식이 부모를 땅에 묻지만 전쟁이 일어나면 부모가 자식을 땅에 묻는다."는

사진 1(위)
1965년 베트남 전쟁에
반대하는 학생 시위대
(uwdigitalcollections,
Wikimedia Commons)

사진 2(중간)
2020년 런던 트라팔가 광장의
이란 전쟁 반대 시위 (Garry
Knight, Wikimedia Commons)

사진 3(아래)
2022년 우크라이나 전쟁
반대 시위 (Frankie Fouganthin,
Wikimedia Commons)

헤로도토스의 말처럼 전쟁은 인간에게 가장 참혹한 고통을 주는 폭력 그 이상도 이하도 아니다. 이 글에서 한국 전쟁으로 희생된 아이들에 대한 기억을 더듬는 것도 불행한 역사의 반복된 상황에 경고의 목소리 한 자락을 보태고 싶어서이다. 지금도 우크라이나 어딘가에서 울고 있을 전쟁고아는 불과 70여 년 전의 너무도 익숙한 우리의 모습이기 때문이다.

## 2. 전쟁의 폭력과 구호의 이중성

한국 전쟁은 2차 세계 대전이 끝난 지 채 5년도 되지 않아 바로 이 땅에서 일어났다. 3년하고도 1개월 2일 동안 전 국토의 80%에서 벌어진 전쟁으로 인해 대부분의 기반 시설과 산업 시설이 파괴되는 물적 피해를 입었다. 문제는 인적 피해였는데 사상·실종된 군인(62만 명), 유엔군(15만 명), 북한군(64만 명), 중공군(97만 명)의 수를 합한 것보다 더 많은 민간인(남한 99만 명, 북한 150만 명)의 피해가 발생했다는 점이다. 이는 당시 남북한 총인구수의 10%에 해당한다. 이산가족은 1천만 명에 달했고 남북한을 합하여 전쟁고아의 수는 무려 10만 명이었다.[4] 현재 고3 수험생이 약 50만 명, 국군이 약 60만 명임에 견주어 본다면 6·25로 부모를 잃은 어린아이가 10만 명이나 생겼다는 사실은 실로 엄청나다. 전쟁고아는 전쟁 중에 부모가 사망했거나 피난 중에 부모를 잃어버린 경우가 대부분이었다.

전쟁이 발발하자 아이들의 문제는 곧 사회적인 문제로 부각되었다. 1951년 6월 초부터 4개월에 걸쳐 전국 고아원에 수용된 아이들의 이름이 일간지에 대대적으로 실렸다.[5] 이것은 전쟁이 시작되고 1년이 지나자 공적 영역이 감당하지 못할 정도로 고아가 넘쳐났다는 신호였다. 1, 2차로 나눠어 신문에 반복 보도될 만큼 가족을 찾아 주려는 시도는 절박했으나 효과는 별로였다. 사회부에서 실시한 고아 찾기 캠페인에도 부모들은 잃어버린 자식을 찾지 않았다. 그만큼 자기 한 몸 건사하기가 벅찼던 시절이었다.[6] 당시 고아원에 수용된 아이들의 참혹한 일상을 적은 신문기사 일부분을 인용해 본다.

> 첫인상에 이들 고아는 거지라고 말할 수밖에 없다. 양말을 신은 애는 하나도 눈에 띠지 않는다. 그들은 전쟁의 혜택으로 커다란 군화를 끌고 다니고 있었다. 넝마쪽 같은 홑옷도 한 껍질을 입었을 뿐 아무런 내의도 없었다.…(중략)…하루에 3合 밥을 준다고는 하나 어린것들은 "밥 좀 많이 주게 신문에 내 주세요" 한다. 그 실로 정구공만한 주먹밥을 하루에 두 덩어리 주는 그 밖에 CAC니 뭐니 하는 계통의 물품은 거의 없다시피 되어 있다. 의료

시설이란 말만이지 2·3일에 어린이들이 하나씩 들것에 담기어 무덤으로 가는 현상이다.[7]

기사의 내용으로 미루어 고아들이 처한 열악한 상황이 짐작된다. 하지만 고아원에 수용된 아이들은 그나마 운이 좋은 편이었다. 사진4와 같이 많은 고아가 거리로 내몰렸으며, 전쟁이 시작되자 겨울마다 길거리에 얼어 죽은 아이들이 쓰레기마냥 치워지는 것이 흔한 광경이었다고 한다. 그렇다면 전쟁 중의 전쟁고아 정책과 사회적 문제의식은 어떠했는지 1950~52년의 주요 일간지 타이틀을 통해서 좀 더 상세히 확인해 보자.

사진 4
거리의 고아들
(국가기록원)

전시비상조치 보육기관도 정비 - 〈동아일보〉, 1950.10.15.

고아들에게 주오, 세 대좌(大佐) 사천불을 희사 - 〈동아일보〉, 1950.11.4.

미 종군 목사의 원조로 중앙고아원이 탄생 - 〈동아일보〉, 1950.11.5.

부정보육기관 정비 축소키로 - 〈동아일보〉, 1950.11.6.

인류애 한 토막 미군이 고아를 구제 - 〈동아일보〉, 1950.11.6.

고아를 구호하는 미군 - 〈조선일보〉, 1950.12.10.

내 아빠 엄마 어데 잇나요? 격증한 전재고아대비추진 중 - 〈동아일보〉, 1951.2.20.

사재로 고아구호 CAC에반스氏 美擧 - 〈동아일보〉, 1951.4.24.

보라! 미군의 이 온정 - 〈조선일보〉, 1951.5.21.

수원교외에 앙카라학원 토이기부대에서 설치 - 〈조선일보〉, 1951.7.7.

가재전부를 팔아서 고아들을 돌보는 경찰학교 마텔씨 - 〈조선일보〉, 1951.8.11.

미국 가는 고아 - 〈조선일보〉, 1951.10.16.

연일 느는 고아들 고아원 찾는 수만 한 달 사백 명 - 〈조선일보〉, 1952.6.7.

나이드 소령이 고아 사업에 기금 - 〈경향신문〉, 1952.6.21.

고마운 미군아저씨 봉급 털어 고아를 육성 - 〈동아일보〉, 1952.9.30.

북한전재고아 동독 이송설 - 〈동아일보〉, 1952.11.27.

위의 신문 기사에서 단적으로 포착되는 것은 고아 문제가 국가적 차원에서 해결되지 않고 미군 중심의 군인 구호나 독지가의 도움에만 주로 의존했다는 점이다. 사실 1950년대의 대한민국의 복지 자체가 국가가 아닌 외국의 원조와 종교 단체에 대부분 의존했던 상황이었다. 1953년의 1인당 국민 총소득 67달러였던 시대였으니 고아 문제는 국가 차원에서도 해결하기 어려운 문제였다. 이 당시 한국 전쟁 고아는 외국 원조에 전적으로 기대는 것 말고는 방법이 없었다.

전쟁이 터지자 1950년 12월 1일 **국제연합한국재건단**(UNKRA)이 설립되었으나 1951년 7월 1일에 'UNKRA(再建局)가 새롭게 발족'했다는 뉴스에서도 짐작되듯이 한국 전쟁 초기의 구호와 재건 활동은 체계적이지 못했다. 이들이 본격적으로 활동을 펼친 시기는 휴전 후였다.[8] 부산에서 시작된 국제연합한국재건단의 업무가 차질을 빚었던 것은 당시에 이들이 사용할 수 있는 항구와 운송 시설이 미비했었기 때문이었다. 결국 초기 활동은 민간인에 대한 최소한의 긴급 구호로 제한되었고 이마저도 유엔군을 통해서 겨우 이루어졌다. 따라서 피난민 구호 대책의 책임은 **주한유엔민간원조사령부**(UNCACK)가 사실상 전담했으며 실제로 전쟁고아 구호도 이들이 맡았다. 주한유엔민간원조사령부에 따르면 3만 5천 명 이상의 고아가 주한유엔민간원조사령부를 통해 관리받았다고 서술되어 있다. 휴전 후 집계한 대한민국의 공

식적인 고아의 수는 45,217명이었다.[9]

하지만 전쟁고아 구호 사업은 어찌 보면 상당히 모순성을 띠고 있다. 엄밀히 말해서 한국 전쟁은 내 의지와는 상관없이 내 땅에서 벌인 열강들의 힘겨루기였다. 미국과 소련을 주축으로 했던 자유주의와 공산 진영의 힘겨루기로 한반도는 파괴되고 많은 사람은 죽임을 당한 것이다. 때문에 폭력의 주체였던 군인과 또 그 군인의 손에 의해 구호된 고아는 분명 모순된 면모라 할 수 있다. 위의 신문 기사에서 다루었듯이 파병된 외국 군인들이 인도주의를 바탕으로 실행한 고아 구호는 진실로 감사한 일이 아닐 수 없다. 하지만 국제연합한국재건단의 전재민 구호 사업이 유독 고아 구호에 치우친 것은 따져 볼 면모가 있다. 전쟁고아 구호는 공산주의의 악행을 고발하고 구호자로서의 미국의 선행을 부각시키는 프로파간다로서 최적의 수단이었다. 때문에 미국이 체제 홍보를 위해 가장 손쉽게 선택한 구호 방법이 고아 구호였다는 점은 부인할 수 없다. 또 고아 구호는 기독교 구호 단체들을 통해서 주로 실무가 이루어지면서 이 땅에 복음 전파라는 포교의 목적까지 부수적으로 성취했다. 즉 한국 전쟁 고아 구호에는 순수한 의도와 실리 추구의 두 얼굴이 존재했다. 또 기독교 구호 단체들이 전 세계의 구호를 독려하기 위해 언론에 한국 고아의 비참함을 지나치게 전시한 탓으로 한국 사회 전반에 '전쟁고아=국가적 수치'라는 인식이 팽배해진 부작용도 생겼다.[10] 어른들이 만든 전쟁 때문에 졸지에 부모를 잃은 죄밖에 없었지만 당시의 전쟁고아들이 감당해야 했던 시선은 대체로 차갑고 냉랭했다.

이런 맥락에서 냉전 시대 최대의 희생양이 한국 전쟁이었는데 전쟁의 동인(動因)들이 행했던 구호 활동에 대해 무조건적인 찬사를 보내는 것이 과연 옳은가 하는 의문을 품게 한다. 진영 내 결속과 호혜를 제유하는 한국 고아와 군대의 친밀성 정치는 분명 비판의 여지가 있다.[11]



## 3. 거머리떼처럼 악착스럽고 귀찮은 꼬마거지

휴전이 되고 국제연합한국재건단은 1958년 해체되었다. 전쟁이 끝났어도 아직은 빈곤에 허덕이던 국가였기에 고아 구호에는 한계가 있었다. 수용시설은 턱없이 부족했고 관리 실태는 열악하기 짝이 없었다. 게다가 복지 시설을 운영하던 원장 중에 고아원 운영 자금을 착복하여 자기 배를 불리는 인면수심도 비일비재했다.[12] 때문에 차라리 길거리 생활이 나은 편이라며 고아원을 도망쳐 나온 아이들이 많았다. 쑈리 킴이 "야 배고파 못 살겠다 찌라싱 부르자"(송병수의 「쑈리 킴」[13] 중)라며 고아원을 도망쳐 나오는 장면이 이를 말해 준다. 복지 시설의 관리를 받지 못한 아동들은 거리를 떠돌며 생존의 사각지대로 내몰렸다. 전쟁 중에는 전쟁고아로 불리던 아이들이 시간이 지남에 따라 청소년기로 접어들었고 자기네끼리 무리를 지어 생계를 이어 갔다. 하지만 이들이 할 수 있었던 일은 '구두닦이' '신문팔이' '넝마주이' '식모살이' 정도였다. 노동 시장에서 어른과 비교하여 신체 조건에서 밀렸던 아이들은 가능한 일거리를 찾아 사람이 많은 대도시로 몰려들었다.

미군정 때부터 부대 주변에서 군인을 상대로 구두를 닦거나 잔심부름을 하는 아동을 슈샤인보이, 하우스보이로 불렀다. 군대 내에서 군인들의 잔심부름을 했던 하우스보이는 '출세한 아이' '운 좋은 녀석'으로 여길 정도로 또래들에게는 선망의 직종이었다. 구두닦이는 <슈샨보이>라는 유행가가 있을 정도로 미군정 때부터 아이들이 돈을 벌기 위해 흔히 취했던 방법이었다. 전쟁이 나자 더 많은 외국 군인이 주둔하게 되면서 구두를 닦고 신문을 팔던 아동의 숫자도 늘어갔다. 슈샤인보이들이 닦은 군화가 반짝반짝 빛났던 것과 대비되게, 그들은 대개 때가 전 맨발이거나 낡은 고무신을 겨우 신고 있을 뿐이었다. 돌봄을 기대하기 어려웠던 전쟁고아들은 일명 '왕초'라 불리는 우두머리를 중심으로 집단생활을 하면서 노동력을 착취당하기도 했다. 구걸하거나 주둔하던 외국 군인과 매음녀들을 연결시켜 주는 중개 역할도 이들의 주된

업무였다. 이들의 생태 구조는 너무도 자연스럽게 범죄와 연계될 수밖에 없었다. 사회는 이들을 '부랑아'라고 불렀다.

> 여기 수송중대 쫄뜨기 양키들도 따링 누나가 서울서 처음 왔을 때엔 한꺼번에 여나문씩 몰려들어 저희끼리 차례를 다투곤 했었다. 그 통에 따링 누나가 여러 날 동안 되게 진땀을 빼긴 했지만 그땐 신바람 나게 수지가 맞았었다. 씨레이숑이 통째로 생긴 것도 그때였다.
>
> – 송병수, 「쑈리 킴」[13] 중



이 소설은 미군 부대 주변에 사는 인간들의 비참한 삶을 밀도감 있게 그려냈다. 살기 위해 주둔 군인을 상대로 매음을 해야만 했던 여성, 이 여성과 혈육 이상의 정을 나누며 의지하고 살았던 펨푸 소년의 이야기이다. 전쟁고아의 생존을 위한 처절한 사투가 사실적으로 재현되고 있어서 전쟁고아의 삶을 다룬 한 편의 다큐멘터리를 보는 듯하다. 이들의 가난은 이들의 책임이 아니었음에도 마땅한 거주지가 없이 거리로 내몰린 이 아이들을 바라보는 사회의 시선은 차가웠다. 다음의 기사를 통해 짐작할 수 있다.

> 온 종일의 재수를 잡치게 하고 심지어는 밤에 이르도록 꿈자리를 괴롭히기가 일수인 거머리떼처럼 악착스럽고 귀찮은 꼬마거지들은 그야말로 서울 도

심지대의 암적 존재로서 조속한 구제책이 절실히 요망되고 있다. 그러나 병든 사회풍조의 약점을 교묘하게 이용하여 특히 여인들에게 화려한 거리를 공포의 거리로 만들고 있는 이 "꼬마거지"를 철저히 퇴치하려면....

〈경향신문〉, 1958.2.19.

휴전이 되고 주한유엔민간원조사령부와 기독교 단체를 통한 전재민 구호 사업이 활발해지면서 '부랑아'라는 단어가 각 일간지에 부쩍 늘었다. 1955년 7월 11자 <경향신문>에는 전쟁고아의 20%가 소년범으로 전락하고 있다고 보도한다. 당시의 사회가 고아에 대한 공적 대책 없이 골칫거리인 문제로만 인식했음을 알 수 있다.

한편 전쟁으로 파생된 또 하나의 사회 문제는 혼혈 아동 문제였는데 혼혈 아동에 대한 사회적 시선은 어쩌면 구두닦이와 신문팔이를 대할 때보다 더 냉담했다. 혼혈 아동은 대다수가 한국에 주둔한 외국 병사와의 사이에서 태어났다. 77,600여 명의 미군이 주둔했던 미군정 시기부터 생기기 시작한 혼혈 아동의 정확한 통계는 1952년(전국 혼혈아동 수 356명-통계청 발표)에 이르러서야 정부 차원에서 이루어진다. 또 1955년부터 1961년까지 **홀트 아동복지회**[2]를 통해 해외로 보내진 입양 아동은 4,185명이었다. 이 시기 전체 혼혈 아동의 수가 5,485명임을 고려한다면 대다수의 혼혈 아동이 강제로 고아가 되어 해외로 보내진 것이다. 아이러니한 것은 혼혈아를 낳게 한 것도 또 양부모를 자처하여 한국 고아와의 친분을 토대로 해외 입양의 물꼬를 트는 냉전 주체로 기능한 것도 모두 파병 군인이었다는 점이다.[14] 또 당국이 대놓고 혼혈아를 미국이 일괄 수용하여 양육해 줄 것을 요청하거나[15] 입양 아동을 서류상 고아로 만드는 위조 작업이 경찰, 정부 기관의 묵인하에 이루어지기도 했다는 점은 이들이 단일 민족주의를 선호했던 사회적 편견에 의해 강제로 버림받았음을 보여 주는 방증이다. 전쟁으로 인해 생계 전선에 내몰린 여성과 주둔군인 사이에서 태어난 혼혈 아동은 전쟁이 직접 만든 전쟁고아와는 또 다른 차원의 비극적 단면이다.



## 4. 선택적 기억과 잊혀진 아이들

지금껏 우리는 한국 전쟁을 기억하고자 해마다 6·25 기념식을 열고 수많은 박물관과 기념비를 세웠다. 또 음악·도서·영화 등의 다양한 미디어를 통해 이 전쟁을 재현해 왔다. 그 결과 한국 전쟁의 아픔은 우리에게 익숙한 방식으로 순화되어 전형적인 이미지와 공적 기억으로 고착화되고 반복 재생산되어 이제는 역사의

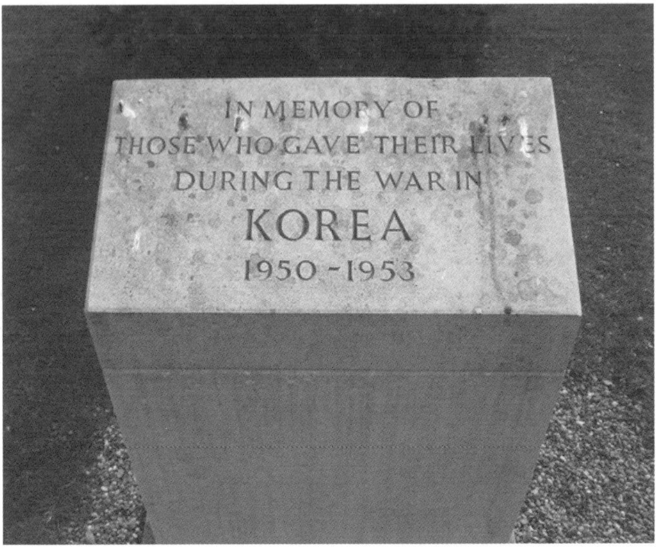


사진 5 한국전 기념비 (Stanley Howe, Wikimedia Commons)

일부가 된 지 오래다. 하지만 우리가 이 전쟁을 진정으로 제대로 기억하고 있는 것이 맞을까 하는 의문이 생긴다. 따져 보면 기억의 재생산은 주로 전투(군인) 위주의 연구 혹은 콘텐츠 제작에 쏠려 있지 않았던가? 가령 국가 차원에서 한국전에 참전했던 국군이나 유엔군의 유해를 발굴하여 가족의 품으로 돌려보내는 작업은 휴전 직후부터 지속되어 왔다. 반면 전쟁 중 군·경에 의해 집단 학살된 민간인의 유해를 찾는 작업은 2005년에서야 시작되었다. 이는 이 전쟁에 대한 우리의 기억이 아직은 많은 부분 편향되어 있음을 보여 준다.[16] 말할 것도 없이 민간인 피해자 중 가장 취약했던 전쟁고아에 대한 관심이나 연구 역시 상당히 미흡하다. 해마다 제작되는 6·25 특집 다큐멘터리에서도 한국 전쟁으로 10만 명의 전쟁고아가 발생했다는 사실에 대해서만 반복적으로 다룰 뿐 전쟁 이후 그들의 삶에 대한 추적이나 분석은 극히 드물다.

또 근 100년 내에 이 땅에서 직접 경험한 이 치열한 전쟁을 다룬 영화가 생각보다 많지 않다는 사실은 놀랍다. 1960년대에 한국 전쟁을 소재로 한 영화가 다수 제작되었으나 반공 영화가 대부분이었고 시간이 흐를수록 제작 편수가 줄었다. 최근 10년간 제작된 한국 전쟁 소재의 영화는 10여 편 정도밖에 안 된다. 강제규 감독의 〈**태극기 휘날리며**〉(2004)가 그나마 흥행에 성공했을 뿐 대중의 관심에서도 한국 전쟁은 잊힌 것처럼 보인다. 또 한국 전쟁 영화 중에서 전쟁고아를 소재로 한 영화는 손가락으로 꼽을 정도이다. 막상 전쟁고아를 소재로 했다손 치더라도 전쟁고아를 구호했던 무용담 〈**전송가**〉(1956)이나 코믹한 픽션 〈**웰컴 투 동막골**〉(2005) 수준으로 다룰 뿐이다. 해외 입양아를 다룬 〈**수잔 브링크의 아리랑**〉(1991)이 있지만 전쟁고아 출신의 해외 입양아는 아니다. 한국 전쟁을 두고 흔히 '잊혀진 전쟁'이라는 표현을 쓰는데 한국 전쟁에서 가장 피해를 본 전쟁고아는 이처럼 긴 시간을 국가로부터도 사회로부터도 '잊혀진 아이'로 우리 사회의 그늘진 곳에서 자랐다. 기억하고 싶은 것만 기억하는 선택적 기억 속에 오랜 시간 이들의 자리는 없었던 것이다.

2023년의 현재에서 1950년 6·25를 돌아보는 것은 어쩌면 아득하다. 벌써 73년이라는 세월이 흘렀고 우뚝 선 지금의 한국에서 부서진 전쟁의 상흔이 남아 있는 곳은 거의 없다. 하지만 전쟁고아로 한평생을 살았던 누군가에게는 아직도 그 상처는 너무도 생생한 아픔이다. 6·25 당시에 출생했으면 고희가 지났으며 그때 10세였다고 가정하면 이미 여든이 넘었을 이 많은 아이들은 과연 어떻게 살았을까? 아니 살아남기는 했을까? 속담처럼 가난 구제는 나라님도 못 해서였을까? 아니면 초토화된 국가 재건 사업이 더 급해서 후순위로 밀린 탓일까? 그도 아니라면 전쟁이 남긴 '골치 아픈 뒤통거리'[17]라 애써 외면하려고 했던 것은 아닐까?

때문에 "6·25 전사자는 찾는데, 살아 있는 전쟁고아는 왜 안 찾아요."라는 이제는 일흔이 넘어 버린 전쟁고아의 항변은 지금까지의 우리의 이 무관심을 다시 돌아보게 한다.[18]

# 전우의 시체를 넘던 아이들

류영욱

부산대학교 국어국문학과 박사 과정. 석사 과정 수료 후 10년이 훌쩍 넘게 수료 낭인으로 떠돌다 1930년대 조선일보사 발행 아동 잡지『소년』을 주제로 학위 논문을 써내고야 말았다. 매체, 아동 청소년 문학, 지역의 문제에 관심을 두고 그 접합점을 찾아 서성이는 중이다.

## 1. 전쟁은 아이의 얼굴을 하지 않았다

벨라루스의 저널리스트이자 작가인 스베틀라나 알렉시예비치는 전쟁은 여자의 얼굴을 하고 있지 않다고 했다. 2015년 노벨 문학상을 수상한 작품의 제목인 이 명제는 전쟁 속에서 삭제된 여성의 목소리를 담은 것이기도 하다.

전쟁이 여성의 얼굴을 하고 있지 않다지만 아이의 얼굴을 한 것도 아닐 것이다. 그럼에도 아이는 전쟁을 연상하는 장면에 항상 등장해 왔다. 일상이 파괴되고 가족이 해체되는 전쟁이라는 '사건'이 아이에게 가해질 파급력은 성인의 그것보다 클 수밖에 없다. 빈곤 포르노의 주인공이 주로 아이였던 것처럼 전쟁 속 아이의 표상은 어른의 감정을 자극하는 도구에 불과하다는 생각마저 들게 한다. 나치 독일의 잔인한 홀로코스트가 자행되던 2차 세계 대전 당시, 강제 수용소에서의 참상을 알린 유대인 소녀 안네의 일기는 전 세계인의 가슴을 울리는 베스트셀러가 되었다. 베트남 전쟁에서는 네이팜탄에 불붙은 옷을 벗어 던진 채 울부짖는 베트남 소녀의 모습은 역사의 한 장면으로 달려 들어왔다. 각각 열여섯, 아홉 살이던 두 아이는 전쟁에 희생되거나 고통받는 가엾고 불쌍한 존재로만 깊이 각인된 것이다.

지금도 여전히 세계 곳곳에서 벌어지는 전쟁 속 아이의 모습도 크게 다르지 않다. 우크라이나의 파괴된 도시에서 여덟 살 아이는 "할아버지가 돌아가셨다. 나는 등에 상처가 났다. 누나는 머리에 살갗이 찢어졌다. 엄마는 팔에 살점이 떨어졌고, 다리에 구멍이 났다."라는 일기[1]를 쓴다. 영화 <모가디슈>(2021) 속 소말리아 아이들의 모습은 좀 더 복잡하다. 내전이 벌어지기 전 아이들은 해변에서 축구를 하며 놀지만 내전 발발 후에는 소년병으로 변모한다. 외국 대사관에 침입해 갈취 행위를 벌이는 것도 서슴지 않는다. 이후 피난을 떠나는 북한 대사관 일행과 다시 마주쳤을 때 총을 겨누며 입으로 두두두 소리를 내는 장난을 치고, 북한 대사관 어린이들이 그에 맞춰 죽는시늉을 하자 깔깔 웃는 모습에서는 전쟁 전 해변에서 축구하던 아이들로 돌아간 듯한 면모를 보이기도 한다. 그러나 북한 대사관 측 인사가 공격하려는 자세를 취하자 하늘에 기관단총을 갈기고 만다. 장난처럼 들고 있던 것은 실탄이 든 총이었고 그들은 그렇게 소년병의 현실을 자각하는 것이다. <모가디슈>는 1991년에 일어난 소말리아 내전을 배경으로 한 영화로, 사람들은 영화 속에서 벌어지는 현실이 픽션이 아니라는 점에 아연실색했다. 전 세계 90개국에 달하는 분쟁 지역에서 50만 명 규모로 강제 동원되고 있다는 소년병들의 현실에 개탄하기도 한다.

전쟁을 일으키는 주체는 결코 아이들이 아니다. 하지만 아이들은 전쟁에 손쉽게 노출되고 자신의 의지와 무관하게 동원되기도 하는 등 전쟁의 여파에 가장 크게 영향을 받는 존재이다. 돌봄이 필요한 시기의 아이에게 닥친 전쟁은 일상을 파괴하고 가족을 해체시키는 상상치 못할 시련이 된다. 세계 대전, 한국 전쟁, 베트남전, 소말리아 내전, 러시아 우크라이나 전쟁… 끊임없이 이어지는 전쟁 속에서 생존을 위협받는 극한의 시련을 넘어, 아이들은 살아남고 자라났다. 그렇게 살아남은 아이들은 처참한 상황에서도 인간의 가장 자발적인 행위라 불리는 놀이를 쉬지 않았다. 어쩌면 놀이는 전쟁이라는 디스토피아 속에서 아이들이 발견한 헤테로토피아는 아니었을까.



## 2. 전쟁은 장난이다

아이들의 놀이나 장난감은 인류의 역사와 함께할 정도로 오래 지속되어 왔다. 그러나 조선 말의 극심한 사회경제적 혼란을 거쳐 일제 시대의 놀이는 윷놀이, 널뛰기, 그네, 연날리기 등의 명절놀이가 대부분이었다. 평소에는 아이들이 함께 어울려 골목길에서 제기차기, 줄넘기, 딱지치기를 하는 것이 보통이었다. 아이들만의 유행어나 노래, 읽을거리 따위는 찾아보기 힘들었으며 여자

아이들은 〈달아 달아 밝은 달아〉, 〈새야 새야 파랑새야〉 등 전래 민요를 부르는 것이 놀이였다. 1920년대에 어린이 운동이 시작되면서 비로소 아이들을 위한 노래와 동요, 잡지들이 쏟아져 나온다. 아이들만을 위한 문화가 싹트기 시작한 것이다. 그러나 1930년대 일제의 문화 말살 정책이 시행되며 많은 매체가 폐간되었고 어린이 운동도 퇴조 기로에 접어든다.

그 와중에 전통 놀이마저 탄압의 대상이 되었다. 전통 놀이를 통해 민족의 기개가 앙양되고 민족의식이 강화된다고 보았기 때문이다. 이런 상황에서 전통의 놀이나 장난감은 쇠퇴하고 일본과 서양의 장난감이 유입되기 시작했다. 아동 문학가 윤석중의 회고에 따르면 2차 대전 중 일본은 전쟁과 결부된 놀이 기구에 한해서만 제조 판매를 허가했다. 이는 영국이 어린이 보호를 위해 임간(林間) 학교까지 만들면서 전쟁 색을 멀리했던 것과 대조적인 모습이라고 설명한다. 일제 강점기 조선의 남자아이가 장난감 비행기를 쥔 모습은 단순한 놀이의 광경이 아니라 소년 항공병의 꿈을 키우는 황국 신민의 흔한 형상이 되어 갔다.

그럼에도 아이들은 놀이는 계속되었다. 해방 직후에도 아이들은 여전히 전쟁의 부산물인 총, 철모, 순검용 양철 칼 등을 장난감 삼아 놀았다. 해방 후의 대혼란, 한국 전쟁 등 연이은 사회적 혼란과 격변 속에서 "탄피를 주워 전쟁놀이를 하며 노는 어린이들

입에서는 "국물도 없다" "공갈 마"하는 유행어가 거침없이 나왔고 어른들의 기만과 반목에서 불신을, 전쟁의 참혹상에서 잔인성을 배웠다"(「대한의 어린이(上), 수난 반세기사」, <동아일보>, 1972.5.4.)며 개탄하는 목소리가 줄을 이었다.

한국 전쟁 중에는 곳곳에 떨어진 탄피들이 아이들의 장난감이었다. 일제 강점기에 군수 물자 생산지 기능을 일부 담당했던 조선 땅의 아이들은 공장 생산품으로만 무심히 보던 탄환을 산과 들에 뒹구는 흔해 빠진 쇳덩이로 다시 마주하게 된다. 총구에서 격발되고 남은 흔적인 탄피는 아이들의 장난감이자 실체적 전쟁의 감각을 경험하게 해 준 물체였다. 아이들은 탄피뿐 아니라 탄환이나 포탄, 수류탄을 가리지 않고 뭐든지 장난감으로 여겼다. 그 장난감들은 아이들의 여린 손발을, 어떨 땐 목숨까지 잘라 가기도 했다. 실험 정신(?)을 발휘한 아이들이 탄환과 탄피를 분리하겠다고 통째로 두드리거나 아궁이에 넣고 지켜보다 터지는 일도 종종 있었다. 지금의 VR 게임 정도는 가볍게 따돌릴 만한, 게임과 현실이 뒤범벅된 시대였다.

주로 여자아이들이 많이 했던 고무줄놀이판에도 소리 없는 총성이 울려 퍼지고 있었다. 진중가요(陣中歌謠)🌸에 맞춰 단계별로 구성된 고무줄놀이에서는 '무찌르자 공산당(권태호 곡, <승리의 노래>🌸)' '전우의 시체를 넘고 넘어 앞으로 앞으로(박시춘 곡, <전

우야 잘 자라>)' 등의 노랫말이 울려 퍼졌다. 각급 학교에서 아침 조회 전이나 쉬는 시간에 교내 확성기를 통해 진중가요를 자주 송출했기에 고무줄놀이 노래로 자연스럽게 불렸을 것으로 짐작된다. 건강한 두 다리와 고무줄 하나면 가능했던 신체 놀이에 박진감 넘치는 BGM으로 진중가요가 지닌 효과는 지대한 것이었다. 아이들의 고운 입에서 발사된 '시체' '원한' '돌격' 등의 단어와 줄넘기놀이의 조합은 기괴하면서도 일상적인 것이었다.

**전우야 잘 자라**

**전우의 시체를 넘고 넘어 앞으로 앞으로**
**낙동강아 잘 있거라 우리는 전진한다**
**원한이야 피에 맺힌 적군을 무찌르고서**
꽃잎처럼 떨어져간 전우야 잘 자라

고개를 넘어서 물을 건너 앞으로 앞으로
한강수야 잘 있더냐 우리는 돌아왔다
들국화도 송이송이 피어나 반기어주는
노들강변 언덕 위에 잠들은 전우야

우거진 수풀을 헤치면서 앞으로 앞으로
추풍령아 잘 있거라 우리는 돌진한다
달빛 어린 고개에서 마지막 나누어 먹던
**화랑담배** 연기 속에 사라진 전우야

터지는 포탄을 무릅쓰고 앞으로 앞으로
우리들이 가는 곳에 삼팔선 무너진다
흙이 묻은 철갑모를 손으로 어루만지니
떠오른다 네 얼굴이 꽃같이 별같이

**전우의 시체(고무줄놀이용)**

전우의 시체를 넘고 넘어 앞으로 앞으로
낙동강아 잘 있거라 우리는 전진한다
원한이야 피에 맺힌 적군을 무찌르고서
화랑담배 연기 속에 사라진 전우야.

위 노래는 전우의 시체를 넘듯 고무줄을 넘어 다음 단계로 나아가는 고무줄놀이의 배경 음악이 되었다. 1950년에 유호 작사, 박시춘 작곡으로 만들어져 6·25 전쟁 내내 국군에게 애창되었던 대표적인 진중가요로 원 곡명은 〈전우야 잘 자라〉이다. 원곡 가사는 치열한 전투 현장에서 전사한 전우를 뒤로하고 전진하는 군인의 비장함을 담고 있다. 얼마나 많은 숫자가 전사했는지 전우의 시체는 넘고 또 넘어도 끝이 없는데, 그것은 소중한 전우의 시신을 어느 양지바른 곳에 고이 묻어 줄 수도 없는 극한 상황임을 짐작케 한다. 낙동강이 뚫리면 남한 전체가 적의 손아귀로 넘어간다는 비장함으로 낙동강 전선을 막았을 것이니 전투의 치열함이야 이루 말할 수 없었을 터. 치열한 전투 끝에 살아남은 자는 원한이 사무쳐 피에 맺힐 지경으로 적군을 무찌르고 전사한 전우를 생각하며 담배를 태웠을 것이다. 담배 연기 속에 떠오르는 전우의 얼굴을 생각하며 가슴에 차오르는 눈물을 삼키는 비애까지 담긴 곡이다.

이 애절하면서도 비장한 노래에 맞춰 아이들은 홀연히 고공 점프를 하고 줄 휘감기 등의 현란한 기술을 뽐냈다. 고무줄놀이의 규칙상 줄을 넘지 못하거나 혹은 줄을 밟거나 걸려서 주자가 아웃될 때까지 노래는 계속된다. 제아무리 실력이 부족하다 해도 노래의 첫 소절인 "전우의 시체를 넘고 넘어"까지는 생존하기 마련이다. 다음 소절, 또 그다음 소절로 노래는 이어지고 아슬아슬 위기도 맞으며 줄을 넘는다. 피날레에 가까워지면서 주자의 숨은 점점 가빠지고 다리는 천근만근이 된다. 숨이 턱까지 차오를 즈음에 만나게 되는 가사가 바로 "화랑담배 연기"다. 화랑담배는 민간용 담배에 군납 상표를 붙여 지급하기 전인 1949년부터 이미 존재한 군용 담배였다. 고무줄놀이용 〈전우야 잘 자라〉의 가사는 대부분 1절의 내용을 따르는데 유독 마지막 구절은 2절에서 가져와 완성했다는 점이 눈에 띈다. 원래 1절의 마지막 구절은 "꽃잎처럼 떨어져간 전우야 잘 자라"인데 이 부분을 "화랑담배 연기 속에 사라진 전우야"로 대체한 것이다. 전쟁기의 아이들에게 화랑담배는 익숙한 물건이자 노랫말로나마 접해 보고 싶었던 어른의 세계가 아니었을까. 아이들이 곡의 마지막 구간에 배치한 화랑담배 연기는 무의식적으로 꿈꾼 유쾌한 전복(顚覆)의 욕구에서

사진 1
화랑담배 (E-뮤지엄)

비롯된 것일지도 모른다.

이선근이 작사하고 권태호가 곡을 쓴 〈승리의 노래〉(1951)는 좀 더 선동적이고 직접적인 메시지를 전하는 곡이다. 아이들은 "무찌르자 공산당"이라는 구절과 "초개(草芥: 지푸라기)"를 자기식대로 변형해 "대한 넘어가는데 저기로구나"로 불렀다. 특정한 발음이 듣는 사람에게 익숙한 말로 들리는 일종의 몬더그린 현상[2]이 나타난 경우다. 대부분이 여자아이였을 고무줄놀이의 주체들에게 대한의 '남아'는 '(줄을) 넘어'로, 생경했을 한자어 '초개'는 '저기'로 들렸던 것이다. 앞서 언급된 〈전우야 잘 자라〉의 가사도 "원한이야 피에 맺힌"을 "모나미에 이 에프 지…" 등 비슷한 발음의 가사로 변형된 채 유행이 되기도 했다. 1950년대의 노래 가사에 1960년대 초에 생긴 문구 상표인 모나미가 등장한 것을 보면 고무줄놀이 노래의 가사는 시대상을 담으며 구전되었을 것으로 짐작된다.

**승리의 노래**

무찌르자 오랑캐 몇백만이냐
대한남아 가는데 초개로구나
나아가자 나아가 승리의 길로
나아가자 나아가 승리의 길로

쳐부수자 공산군 몇천만이냐
우리 국군 진격에 섬멸뿐이다
(후렴 1절과 동일)

용감하다 UN군 우리와 함께
짓쳐간다 적진에 맹호와 같이
(후렴 1절과 동일)

**무찌르자 공산당(고무줄놀이용)**

무찌르자 공산당 몇천만이냐
대한넘어 가는데 저기로구나
나아가자 나가자 승리의 길로
나아가자 나가자 어서 나가자

## 3. 전쟁은 장난이 아니다

전쟁 중에도 아이들의 배움은 계속되어야 했다. 그러나 휴교령으로 학교가 문을 닫고 아이들은 가족을 따라 피난 생활을 시작하는 경우가 많았다. 학교 교육은 그렇게 불능 상태로 이어졌다. 1951년 1·4 후퇴 후 전선이 교착 상태에 빠지게 되자 정부는「전시하 교육특별조치요강」(1951. 2. 16.)을 공표하며 교육 재개를 선언하기에 이른다. 한국 전쟁기 임시 교육 과정에 근거한 임시 교과서『전시생활』(1951. 2~3)이 발행되며 피난지에서도 학교 교육이 시행되었다. '한데 교실' '노천 교실'에서나마 아이들은 배움을 이어 나갔다.

탄피를 주워 전쟁놀이를 벌이고 진중가요를 부르며 고무줄을 넘던 아이들은 학교로 돌아와 본격적으로 전쟁에 임하는 국민의 자세를 이식받게 된다. "세계사상 일찍이 보지 못하던 전란을 당하여, 비참한 전란 속에서도 멸공통일의 길을 걷고 있는 우리나라의 학습은 전시학습, 멸공학습이라야 할 것"이라는『전시학습지도요항』의 총설에 충실한 교육을 받게 된 것이다. 전시 생활의 교재는 실제로『비행기』『탕크』『군함』『싸우는 우리나라』『우리는 반드시 이긴다』등으로 구성되었다. 이쯤 되면 아이들의 전쟁놀이가 학교 교육 과정에서 학습한 이론의 실습판처럼 느껴질

사진 2  1952년 진해의 어느 공터에서 고무줄뛰기를 하는 여자아이들 (한국저작권위원회)

정도이다.

초등학생 대상의 『전시생활』과 더불어 생활 중심 통합 교과서의 보조 교재 성격으로 만들어진 전시 노래책 『소년기마대』나 『새음악』(1952.4)에 수록된 노래도 진중가요와 크게 다르지 않았다. "오랑캐떼 부수고, 태극기를 휘날립니다" "공산군을 무찔러, 북으로 북으로" 같은 구호성 노래가 곳곳에 삽입되었다. 아이들에게 전쟁은 장난이자 놀이면서 학교 교육의 소재였던 것이다. 그렇게 아이들은 자연스럽게 전쟁과 혼연일체가 되어 갔다.

그러나 시간이 지나며 아이들의 전쟁 장난이 사회적인 문제가 되기도 했다. 전쟁의 영향을 받은 아이들의 놀이 문화가 빠르게 고착화되는 데 비해 장난감 제조업의 생성과 제도화는 그 속도가 매우 더뎠다. 광복 30년을 맞아 <동아일보>는 한국 어린이의 장난감 문제를 진단하는 기사를 게재한다. 해당 기사는 당시 한국 사회가 전후 복구 사업과 정치적 혼란으로 어린이의 장난감에 대한 어른들의 관심 자체가 없었다며, 급기야 "50년대 어린이 세계는 장난감 제로시대"로 규정한다. 영세 제조업자들이 만든 불법 장난감이 학교 주변에서 판을 쳤고 그것을 가지고 놀던 아이들이 다치거나 사망하는 사건이 속출했다.

질이 나쁘거나 위험한 장난감이 많이 나도는 가운데 이번에는 장난감 대포

> 를 갖고 놀던 어린이가 대포알이 발사되면서 목구멍을 막는 바람에 질식해 숨지는 참사를 빚었다. 11일 오후 5시반경 관악구 흑석 3동 명수대극장 뒷골목에서 길이 9cm 바퀴폭 5cm의 소형 플라스틱 곡사포 장난감을 입에 물고 놀던 흑석 3동 84의 95 강석건 씨(31)의 장남 경훈 군(4)이 장난감 곡사포 알이 목에 걸리는 바람에 질식, 병원으로 옮기던 중 숨졌다.
>
> 경훈 군은 이날 어머니 이규철 부인(27)과 함께 이 곳 시장에 나왔다가 어머니 이 부인이 동네 구멍가게에서 50원을 주고 사준 곡사포의 포구를 입에 물고 놀다가 갑자기 울리는 차량 경적 소리에 놀라 곡사포의 발사 단추를 누르는 바람에 길이 4cm 지름 약 1cm의 플라스틱 포알이 발사되면서 목에 걸려 변을 당했다.
>
> 「불량 장난감에 또 어린이 참변」, 〈동아일보〉, 1978.9.12.

무기류 장난감을 가지고 놀던 유아가 불의의 사고로 사망한 사건을 담은 기사는 당시의 문제상을 전하고 있다. 사고의 원인이 된 장난감처럼 제조와 유통에 정부의 관리나 단속의 실효성이 없음을 지적한 것이다. 더불어 당시 한국 완구공업협동조합 자료를 인용해 시중에 유통되고 있는 무기류 장난감의 품목을 세세히 밝혀 놓았다. "▲어린이들이 불을 붙이거나 심지를 당겨 폭음놀이를 하는 「로케트탄」「심지폭탄」「심지판」 등 폭약류 ▲플라스틱 총알이 튀어나가게 돼 있는 모의권총 등 총기류 ▲뾰족한 화살을 쏘게 돼 있는「인디안 화살」▲칼끝과 날이 날카로운 플라스틱칼 등 도검류 ▲철사로 된 탄환을 쏘는 고무줄 새총 ▲바늘끝과 같은 날카로운 침에 팔랑개비를 단 벽꽂이와 표창 등 전쟁놀이용 완구" 등의 목록에서 보듯 아이들의 놀이에는 전쟁의 그늘이 짙게 드리워져 있었다. 그럼에도 완구제조업자 등의 어른들은 "어린이들이 즐겨찾는 것은 총, 수류탄, 탱크 등 병기류와 수갑 모의무전기 등인데 텔레비전과 불량만화 등의 영향을 많이 받는 것 같다" "나쁜 줄은 알지만 어린이의 흥미를 맞추기 위해 좋지못한 장난감도 만들어 팔지않을 수 없다"(〈동아일보〉, 1975.5.10.)는 태도로 일관했다.

그러나 80년대에 접어들며 아이들의 놀이문화에 스며든 전쟁에 대한 문제 인식과 각성의 목소리가 커지기 시작한다.

> 전우의 시체를 넘고 넘어, 앞으로 앞으로…
>
> 요즘 오후마다 아파트 단지 안에서 흔히 들을 수 있는 노래다. 어린이들이 고무줄놀이를 하면서 부르는 이 노래가 너무 섬뜩한 느낌이 든다. 전쟁의 아픔을 되새길 때마다 텔레비전이나 라디오를 통해서 늘 듣는 곡이지만 10세 안팎의 어린이들에 의해 불리워지다니.
>
> 특히 고무줄이란 즐거운 놀이를 하면서 우리 가슴에 비극으로 얼룩진 6·25 사변을 치르면서 불렀던 바로 그 노래를 부른다는 것은 아무래도 생각해 볼

문제인 것 같다.

「동요(童謠) 잊은 어린이들」, 〈동아일보〉, 1984.10.23.

전직 방송국 PD였던 위 칼럼의 필자는 <전우야 잘 자라>에 맞춰 고무줄놀이를 하는 아이들을 보며 섬뜩함을 느낀다고 했다. 필자 역시 그 섬뜩한 노래에 맞춰 줄을 넘는 유년기를 보냈을 텐데, 그것은 어른이 되었기에 생긴 각성이었을까.

아동학자나 여성단체를 중심으로 한 '어린이를 위한 평화운동'의 일환으로 전쟁놀이 장난감은 사 주지 말자는 캠페인이 벌어지기도 했다. 실제 무기와 거의 유사하게 생산 시판되는 무기 장난감이나 다목적 로봇 등이 정서 발달보다는 타인과의 살벌한 대결이나 정복 욕구를 부추긴다는 것이다. 80년대 후반에 들어서면 완구류뿐 아니라 홈 비디오 게임에 대한 경각심이 표출된다. 1988년 12월 30일 자 <경향신문>에서는 폭력물 홈비디오 게임을 '전자마약'으로 지칭하며 "전자오락으로 불리는 홈비디오 게임이 거의 전쟁놀이로 파괴적이고 허무맹랑한 공상력을 자극, 아동교육에 문제점으로 지적"되고 있다고 밝혔다. 어른들이 시작한 전쟁은 그렇게 아이들의 장난 속으로 깊이 스며들었다. 아이들 삶 속에 새겨진 전쟁은 폭력과 불안의 일상으로 이행되기도 했다.

## 4. 아이들, 평화와 연대의 주체로 서다

포스트 냉전 시대가 도래하면서 거대 담론보다는 일상과 문화, 생태 등의 분야가 주목을 받게 되었고 아이들은 과거와 다른 방식으로 전쟁을 사유하기 시작했다. 이는 분열과 갈등을 넘어 평화와 연대의 가치를 지향하는 시대정신의 영향에서 기인한 것으로 보인다.

2000년대 이후 전쟁 관련 그림책이 꾸준히 번역, 출판되면서 아이들은 다양한 시각에서 바라본 전쟁과 마주하게 된다. 특히 2010년에 한중일 세 나라의 작가들과 출판사들이 함께 만든 **'평화그림책' 시리즈**는 유의미한 시도이자 성과였다.[3] 2005년 10월 일본 원로 그림책 작가 4명의 발의로 시작된 이 프로젝트는 2007년 중국 난징에서 열린 기획 회의를 기점으로 본격 진행되었다. 이후 한국의 사계절 출판사, 일본의 도신샤(童心社), 중국의 이린(译林) 출판사가 공동 출판사로 결정되었고, 2010년 6월 한국 작가 권윤덕의 『꽃할머니』를 시작으로 모두 열한 권의 그림책이 출간되었다.

평화그림책 시리즈의 첫 작품인 『꽃할머니』는 일본군'위안부'를 주제로 한 최초의 그림책으로 아이들이 전쟁의 모습을 직시하게 만든 주체가 되었다는 점에서 의미가 있다. 아이들에게 다소 무거운 주제의 책을 읽혀도 될까 하는 우려에 대해 작품 말미에 밝혀 놓은 설명은 아이의 주체성을 충분히 북돋는 의도가 엿보인다. "아이들이 위안부 할머니의 이야기를 바로 한꺼번에 이해하지 못하더라도, 자라면서 그 할머니들이 겪었던 고통에 공감해가는 과정은 평화에 대한 사랑을 길러가는 과정으로서의 의미"라는 설명은 가치 판단의 주입이 아니라 아이들의 성장 과정에 오롯이 맡기고 지켜보는 따스한 시선을 담고 있는 것이기도 하다. 강제 징용으로 끌려온 재일조선인의 태내에서 피폭당한 장애인(『춘희는 아기란다』), 통일을 꿈꾸는 1세대 이산가족(『비무장지대에 봄이 오면』)의 서사 속에서 아이들은 태평양 전쟁, 한국 전쟁 등 한반도가 직간접적으로 겪은 전쟁을 만난다. 노랫말에서이긴 하지만 전우의 시체를 거침없이 넘던 아이들은 이제 진짜 비무장지대를 넘어 평화와 연대의 의미를 새기는 실천적 주체, 포스트 기억세대로 성장하고 있다.

사진 3
사계절 출판사에서 출간한 평화그림책
시리즈 중 일부 (사계절 출판사)

# 통일 교육의 탈을 쓴 냉전 교육

양정은

부산대학교 인문학연구소 PNU 냉전문화팀 연구보조. 『오늘의문예비평』 편집장. 대표 논문으로는 「국어 교과서의 냉전 표상 연구-1950년대 초·중등 국어 교과서를 중심으로」가 있다.

‘얼음보숭이(아이스크림)’, ‘꼬부랑 국수(라면)’ 같은 북한 말들은 교과서에 자주 등장하는 단골 단어였다. 나 역시 초등학생 때 배운 기억이 있으나 지금은 북한에서도 사어(死語)가 되었다고 한다. 이러한 북한 말 배우기는 언어의 이질화를 줄이고 통일에 대비하기 위해 시행되었다. 통일에 대비해 교육 과정을 통일 지향적으로 개정해야 한다는 논의는 오래전부터 시작되었고, 수많은 개정을 통해 현재의 교과서가 만들어진 것이다. 2018년 11월 미래엔 출판사에서는 자체적으로 통일 시대를 대비한 남북한 초등 국어 교과서 4권을 개발하여 교육부, 통일부 등 정부 관계 부처와 전국 초등학교 및 시·도 교육청 등에 총 3만 5천 부를 무상 배포하기도 했다.[1] 그렇다면 통일 시대를 맞이하기 위해 변화된 현재의 통일 교육은 냉전 시대의 영향으로부터 벗어나 탈냉전을 이룩해 내었을까?

**탈냉전** 시대가 시작된 1991년 소련 붕괴 이후부터 교육계는 정치적 기획에서 벗어나 자율성을 찾을 수 있는 기회를 얻게 되었다. 그 덕분에 우리는 더 이상 멸공과 승공의 슬로건을 외치지 않아도 되는 자유를 얻었다. 그러나 분단이라는 정치적 상황 속에서 이루어지는 통일 교육은 그러한 정치적 영향에서 벗어나 독립적으로 시행되기에는 어려움이 있다. 해방 이후 첫 번째 교육 과정이었던 **교수요목기**(1945~1954)부터 2015개정까지 수많은 개정을 거쳐 만들어진 지금의 초등 교과서에 아직까지도 냉전기의 흔적이 남아 있는 것은 교수요목기부터 시작된 지배 이데올로기 교육이 시대의 무의식으로 전승되어 교육의 자율화를 가로막고 있기 때문인지도 모른다.

「2022년 학교 통일교육 실태조사 보고서」에 따르면 통일의 큰 장애요인이 무엇인지를 묻는 설문에 학생 중 30.1%가 "미사일, 핵무기 등 북한의 군사적 위협"이라고 답했다. 두 번째로 높은 비율을 차지한 답변은 "변하지 않는 북한 체제"이다. 북한의 체제를 문제시하는 이러한 인식은 남한의 **흡수 통일**⑫에 정당성을 부여한다. 이러한 정당성은 남한의 흡수 통일이 곧 평화 통일이라고 설명하는 남한 중심의 통일 교육을 문제시하지 않는 데 일조한다. 중요한 것은 남한의 흡수 통일 자체가 아니라 흡수 통일과 평화 통일을 동일시하여 설명하는 현 초등 교과서의 구조가 어떻게 형성되었는가 하는 것이다. 2022년 초등 교과서를 통해 시행되는 통일 교육은 흡수 통일을 곧 평화 통일이라고 설명한다. 흡수 통일 담론은 북한 체제에 대한 부정을 바탕으로 한다. 북한 체제에 대한 멸시와 경계심이 남한 주도의 흡수 통일을 정당화하는 주요 근거가 되는 것이다. 교과서에서는 이러한 흡수 통일의 일방성을 평화 통일이라는 용어를 통해 은폐한다. 남한 주도의 흡수 통일이 협력과 화합을 기반으로 하는 평화 통일의 긍정적 수식을 통해 설득되고 있는 것이다. 여기에 냉전의 잔재가 있다. 애국심을 통일에 대한 열망으로 변환하려는 고리타분한 메커니즘과 흡수 통일이 곧 평화 통일이라고 설명하는 남한 중심의 통일 교육은 애국심을 동원하여 멸공과 북진 통일을 이루고자 했던 과거 이승만 정권의 교육 과정을 떠올리게 한다.

## 1. 상상된 '우리나라'와 북진 통일



현행 초등 교과서에 남은 냉전의 잔재를 찾아보기 전에 먼저 대한민국 교육이 정전화되기 시작한 1950년대의 국어 교과서부터 살펴보자. 1950년대는 국어 교과서뿐만 아니라 대부분의 과목에서 반공주의를 강화하는 내용을 답습하고 있다. 지금의 도덕 과목이 된 초등 도의부터 현재 『봄』『여름』『가을』『겨울』로 통합된 바른 생활, 즐거운 생활, 슬기로운 생활 등의 교과에서 반공 교육을 실시했다.

1950년대는 통일된 한반도를 살아 본 세대, 전쟁과 분단을 직접 체험한 세대, 반공주의가 제1국시였던 세대의 시대였다. 반공이 곧 생존과 직결되어 있었던 1950년대에 반공주의가 교육계를 장악하고 있었던 것은 당연한 일이다. 1950년대의 국어 교과서를 통해 시행된 반공 교육은 공산 진영과 민주 진영의 대결 구도를 만들어 공산권을 '적'으로 상정하는 방식이 주를 이루었다. 이를 바탕으로 "북한 공산군의 괴수 김일성이나, 중공의 모택동이"를 "우두머리 소련"의 "꼭두각시"[2]로 표상하며 멸공 및 북진 통일의 당위성을 강화했다. 그러나 북한 주민은 북한의 지도자와 달리 '우연히' 북에 남게 된 동포로 그려졌다. 북한의 지도자와 북한 주민을 구분하여 표상함으로써 이북 동포에 대한 애틋함이 뒤섞인 민족주의를 강화한 것이다. 한국 전쟁 발발 이유를 북한의 남침으로 설명하는 내용과 공산권의 미개함 및 악랄함 거기에 더해 이북 동포에 대한 그리움을 자아내는 내용은 1950년대 학생들에게 북한 정권을 공포와 혐오의 대상으로 인식시키기에 충분했다. 이렇듯 1950년대 국어 교과서의 반공 교육과 통일 표상은 대개 민족주의를 기반으로 하고 있으며 보다 전투적인 방식으로 이루어졌다.

1950년대 국어 교과서에서 제시하고 있는 통일의 방식은 북진 통일로, 무력을 통해 북한으로 진격하여 통일을 이룩해 내자는 의미를 담고 있다. 1950년대에 기승을 부리던 북진 통일론은 4·19혁명을 기점으로 약화되었다가 박정희 정권이 들어서면서 공산주의 세력을 무찔러 이긴다는 의미의 '승공 통일'이라는 구호로 계승되었다. 그러다 1972년 7·4 **남북 공동 성명**[2]이 발표되면서 무력을 동반하는 통일 방안은 힘을 잃게 된다. 이후 독일이 통일을 이룸에 따라 흡수 통일 및 평화 통일을 지향하는 분위기가 형성되었다. 흡수 통일은 서독이 동독을 흡수했던 독일의 경우를 지칭하는 방식이다. 민주화를 기반으로 이루어지는 흡수 통일은 무력을 동반하지 않기 때문에 평화 통일과 동일 선상에서 논의되기도 하지만 남한 주도의 통일이라는 의미가 포함되어 있다는 점에서 평화 통일과는 구분된다.

공산군을 몰아내고 북진 통일을 이뤄야 한다는 열망은 통일된 한반도를 상상하고, '본래 하나였던 한반도'를 소환하는 방향으로 전개되었다. 1950년대 국어 교과서에는 북한의 문화 유적지를 '우리나라'의 유산처럼 설명하는 글이 많이 실려 있다.

사진 1과 같이 나의 조국이라는 키워드와 백두산 삽화를 함

사진 1 「나의 조국」 삽화 (문교부, 『국어6-1』, 1950, 123쪽)

께 배치함으로써 본래 하나였던 한반도를 소환하고 있는 것이다. 「나의 조국」에서는 시 형식을 통해 두만강과 백두산 그리고 무궁화라는 세 가지 키워드를 통해 '우리나라'를 형상화하고 있고, 「동룡 굴」에서는 평안북도에 있는 종유굴, 지하 금강이라고도 불리는 동룡굴에 대해 설명하고 있다. 심지어 「동룡 굴」은 아직까지도 '우리나라'의 관광지로 소개되고 있다.[3] 이는 어디까지나 상상을 통해 재구성된 심상지리(마음속의 지리적 인식)로 냉전기에 형성된 심상지리가 아직까지도 잔재해 있는 것이다. 이처럼 1950년대 국어 교과서에서는, 과거 실재했던 분단되기 이전의 한반도를 '우리나라'라는 상상 영토를 통해 재소환한다. 이는 통일이라는 민족적 과제를 염두에 둔 대한민국 정부의 정치적인 기획으로 해석될 수 있다. 교과서에 소개된 북한의 고적과 자연 경관은 지리적으로 통일된 한반도를 재소환하는 하나의 좌표인 것이다.

또 흥미로운 점은 '애초부터 하나였던 한반도'를 상기시키는 데 통일 신라를 동원하고 있다는 점이다. 통일 신라를 근원으로 하는 민족성은 한국의 근대 형성과 함께 재발명되었다. 신라의 문화는 1950년대 정권의 중요한 키워드였던 북진 통일 사상을 기반으로 민족 단결과 애국심 고취를 위해 전략적으로 선택된 것이다. 통일 신라를 근거로 하는 민족성은 실제로 존재했다기보다 민족의 공통적인 기억이자 조건으로서 만들어진 근대의 발명품이다. 이렇게 만들어진 역사·민족을 통해 생산되는 '애초부터 하나였던 한반도'에는 두 가지 장치가 있다. 하나는 지리적 통일이고 또 하나는 정신적 통일이다. 전자는 지리적으로 통일된 한반도를 상상하게 함으로써 통일의 이미지를 생산하는 것이다. 후자는 지리적 통일만으로 이루어지지 않는 정신적 통일을 이룩하고자 '우리나라'라는 무형의 민족국가를 만들어 내는 것이다. '우리나라'라는 용어는 통일된 한반도 지리만으로 형상화되지 않는 무형의 가치들을 내포함으로써 통일의 당위성을 강화하기 위해 사용되었다. '우리나라'라는 무형의 민족국가는 전쟁과 무력 통일이 가진 폭력적인 이미지를 지우고 단일 민족이라는 끈끈한 소속감을 심어 주는 단어이다.

또한 '우리나라'는 의미도 범주도 뚜렷하지 않은 모호성을 기반으로 작동된다. 지리적으로 정확히 구분되지는 않지만 '우리'라는 결속감을 기반으로 더 많은 의미를 가질 수 있다. 즉, '우리나라'는 정확히 지칭하는 대상이 없는, 그 모호성으로 인해 막강한 위력을 떨칠 수 있는 용어인 것이다. 모호한 단어를 통해 상상되는 통일 한국이 어떻게 힘을 갖는지에 대해서는 앤더슨의 '상상된 공동체' 개념을 통해 이해해 볼 수 있다. '우리나라'라는 무형의 민족 국가가 통일 한국을 상상할 수 있었던 것은 앤더슨이 말했던 것처럼 인쇄 기술의 발달에 힘입은 것이었다. 자본주의가 보급한 인쇄 기술의 발달은 '우리나라'를 가능하도록 만드는 물질적 기초를 제공한다. 자신을 한 민족이자 국민으로, 공동체로 상상하게 만드는 요인 중 가장 중요한 것은 무한한 복제 가능성이다. 앤더슨은 상상된 공동체의 출현 요인에 대해 "반쯤은 우연적이면서도 폭발적이었던 생산과 생산관계의 체계(자본주의) 커뮤니케이션 테크놀로지(인쇄) 그리고 인간의 언어적 다양성이라는 숙명 간의 상호작용"[4]이라고 설명한다. 이렇게 본다면 민족의 특권적 언어(한글)로 쓰인 교과서의 생산은 '우리나라'라는 상상의 공동체가 형성되는 데 중요한 조건 중 하나가 된다. 인쇄 자본주의는 책의 형태로 거의 무한히 복제 가능하다는 특성을 통해 '우리나라'라는 모호한 개념에 보편성을 부여할 수 있었다. 다시 말해, 인쇄 자본주의가 가진 확장성이 교과서와 같은 매체를 통해 구현됨으로써 '우리나라'라는 용어가 가진 모호성을 민족/국가라는 보편성으로 전파할 수 있었던 것이다.

## 2. 무궁화로 뒤덮인 '통일 대한민국'

현행 초등 교과서의 통일 교육 내용 중 일부는 1950년대 북진 통일을 연상하게 만든다. 온건한 형식을 통해 남한 중심의 흡

사진 2(왼) 교육부, 『겨울1-2』(동아출판, 2022, 42쪽)
사진 3(오) 교육부, 『겨울1-2』(동아출판, 2022, 64-65쪽)



수 통일을 정당화한다는 점에서 그렇다. 이에 대한 예로는 1학년 2학기 『겨울1-2』 교과의 「여기는 우리나라」와 3~4학년군 『도덕4』 교과의 「5. 하나 되는 우리」가 있다.

1학년 2학기 『겨울』 교과 「여기는 우리나라」 단원의 시작 부분에서는 대한민국의 국화인 무궁화에 대해 배우고 단원의 마무리에서 무궁화로 둘러싸인 한반도를 바탕으로 통일 지도를 만들어 보는 학습을 한다. 국화가 갖는 상징성을 생각했을 때, 무궁화로 둘러싸인 통일 지도는 평화 통일이 곧 대한민국 체제의 팽창으로 인식될 가능성이 있다. 다시 말해, 북한의 국화인 목란꽃과 남한의 국화인 무궁화가 한데 어우러진 한반도가 아니라 무궁화로 전 국토를 둘러싸는 것은, 통일 문제에 있어 북한의 역할이나 입장을 고려하지 않는다는 의미가 된다. 따라서 궁극적으로는 통일이 대한민국의 체제 확장을 통해 달성될 수 있다는 인상을 심어 줄 수 있다. 또 「우리나라 꽃, 무궁화」와 「'여기는 우리나라' 안녕!」이라는 소단원의 제목은 이러한 인식이 가진 문제점을 '우리나라'라는 단어가 가진 모호성을 통해 은폐한다. '대한민국 꽃, 무궁화'가 아니라 '우리나라 꽃, 무궁화'라는 표현은 남한 중심의 통일이라는 이미지를 희석시킨다. 이러한 국가 상징물을 통해 이미지화된 '통일 대한민국'은 3~4학년군 『도덕4』 교과의 「5. 하나 되는 우리」에도 등장한다.

사진 4의 무궁화 한반도 만들기 활동은 학급 전체를 북쪽과 남쪽으로 나누어 재료를 교류하는 방식으로 이루어진다. 남쪽 대표와 북쪽 대표 간의 대화와 교류를 통해 그림을 완성한다는 점에서 화합과 교류를 학습하는 단원이라고 할 수 있다. 그러나 북한의 국화인 목란꽃이 배제된 '무궁화 한반도' 만들기는 교류와 화합의 결말이 대한민국의 흡수 통일이라는 인상을 심어 줄 수 있다. 무궁화는 대한민국이라는 상징성이 뚜렷하지만 '우리나라'라는 상상된 국가로 뭉뚱그려서 표현하기에 알맞은 미형의 상징물이다. 이러한 미형의 상징물이 1950년대 북진 통일의 정신을 평화 통일이라는 긍정적 수식을 통해 아름답게 재탄생시키고 있는 것인지도 모른다. 북한이 남한에 편입되는 방식이 '평화 통일'이

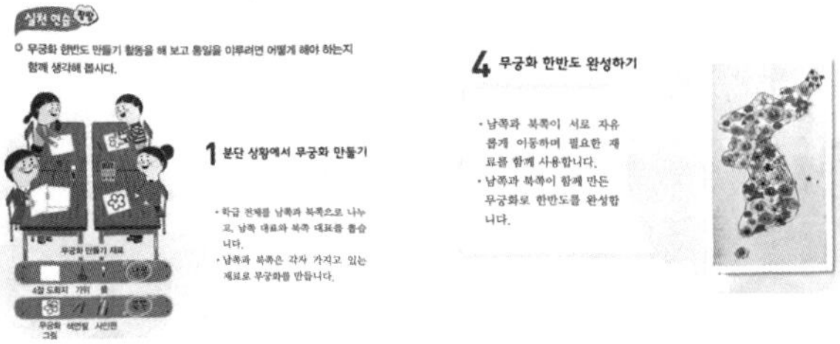

사진 4(위) 교육부, 『도덕4』(지학사, 2022, 92쪽)
사진 5(아래) 교육부, 『도덕4』(지학사, 2022, 87쪽)



되려면 교과서에서 가르치는 대로 화합과 협력을 최우선으로 여겨야 한다. 그러나 '무궁화 한반도' 만들기에는 협력과 화합의 과정이 생략되어 있다. 정확히는 한반도를 목란꽃으로 꾸밀지, 무궁화로 꾸밀지 또는 한반도를 상징하는 새로운 국화로 꾸밀지에 대한 논의는 생략된 채, 무궁화 한반도를 어떻게 꾸밀지에 대해 논의하는 부분에서만 협력을 학습하도록 하고 있다. 이러한 생략은 '화합 없는 평화 통일'이라는 모순을 낳는다. 즉, '무궁화 한반도' 만들기는 화합이라는 외피를 두르고 있으나 북한의 체제와 문화를 모두 몰아낸 자리에 대한민국을 심어 버리려는 북진 통일을 연상시킨다는 것이다. 사진 5 역시 마찬가지로 '통일 대한민국'의 이미지를 생산하고 있다. 사진 5는 「5. 하나 되는 우리」 단원이 시작되는 페이지에 삽입된 그림으로 '무궁화 한반도'의 아름다운 표본을 제시하고 있다.

3!4학년군 『도덕4』 교과의 「5. 하나 되는 우리」에서 강조하는 통일을 위한 자세는 배려와 협력이다. 남과 북이 협력하여 우리말을 담은 사전을 만들거나 남한의 청소년들이 북한의 개성을 방문하여 나무 심기 행사에 참여하는 등 통일을 이루기 위한 남북의 노력으로 제시된 예들은 협력을 통한 공동 작업이 대부분이다. 또 북한에서 온 친구를 이해하고 배려하는 마음을 배우기 위해 편성된 소단원 「3. 마음을 더 가까이해요」에서도 북한에서 온 친구 '성찬이'와의 학교생활을 제시함으로써 대화와 협력을 강조하고 있다. 소단원 「4. 함께하는 마음을 다져요」에서는 남과 북이 협력한 여러 사례들을 제시하여 협력을 강조하고 있다. 또 "마음의 38도선이 없어져야 땅 위의 38도선도 없어질 수 있다."는 김구의 말을 인용하여 지리적 통일보다도 마음의 통일이 우선되어야 함을 가르치고 있다.

이처럼 화합과 배려를 최우선의 가치로 강조하는 통일 교육이 시행되고 있음을 알 수 있다. 그러나 반복적으로 제시되고 있는 '무궁화 한반도'는 이러한 화합과 배려의 목적이 문화적 격차를 줄이는 데 있는 것이 아니라 북한을 남한에 편입되도록 하는 데 있는 것처럼 보이게 한다. 이는 남북이 동등한 위치에 있는 것이 아니라 남한이 체제 및 경제적으로 우위에 있다고 믿는 남한 중심의 사고방식으로부터 기인한 것이다.

「2019년 학교 통일교육 실태조사 보고서」에 따르면, 북한 주민을 '도와줘야 할 대상'으로 보는 학생은 51.5%, '협력 대상'으로 보는 학생은 32.1%다. 2020년부터 북한 주민에 대한 설문이 북한의 이탈 주민에 대한 설문으로 대체되어 현재의 통계는 확인할 수 없으나 불과 4년 전까지만 해도 북한 주민을 '도와줘야 할 대상'으로 보는 시각이 절반 이상을 차지했다는 것은 많은 것을 시사한다. 같은 해 북한의 이미지에 대해 묻는 설문에서는 "전쟁/군사"가 31.8% "독재/인물"이 27%가 나왔다. 설문조사 결과를 종합해 보면 북한의 체제 및 지도자에 대한 적대감과 북한 주민에 대한 동정심이 학생들에게 있어서 북한에 대한 보편적인 감정임을 알 수 있다. 이러한 감정은 남한의 체제가 더욱 우월하다는 생각에 지지대 역할을 한다.

북한에 대한 적대감과 동정심은 냉전기부터 뿌리 깊이 교육되어 온 반북 전체주의로부터 파생된 것일지도 모른다. 화합과 협력을 강조하고 마음의 거리를 좁히는 것을 학습 과제로 삼고 있음에도 불구하고 '무궁화 한반도'라는 지정학적 이미지를 반복적으로 학습시키는 모순적인 교육 내용은 '협력 없는 흡수 통일', 정복통일을 연상하도록 만든다. 이러한 맹점의 기원이 냉전기부터 교육되어 온 맹목적인 반공정신에 있을지도 모른다는 것을 생각해 볼 필요가 있다.

『도덕6』의 '통일을 향해 한 발 한 발 나아가요'에서는 베트남의 무력 통일과 독일의 평화 통일을 비교하고 있다. 무력 통일과 평화 통일의 장단점 및 그 결과에 대해 서술하도록 하여 바람직한 통일의 방향에 대해 학습할 수 있도록 하고 있다. 교과서에서 '모범 답안'으로 제시하는 통일 방법은 평화 통일로, 독일의 방식을 바람직한 통일 방식으로 받아들이도록 구성되어 있다. 독일의 경우, 보다 경제 발전을 이룩한 서독이 동독을 흡수하는 방식의 평화 통일을 이루었다. 독일은 통일 이전부터 인적, 물적 교류가 활발했기 때문에 그러한 통일이 이루어질 수 있었다. 교과서에서는 '우리나라'가 가야 하는 통일의 방향성이 독일의 흡수 통일에 있으며 이것이 곧 평화 통일이라고 말하고 있다. 독일에 '우리나라'를 투영하도록 하는 구성은 남한이 주도적으로 통일을 수행해야 한다는 해석을 도출한다. 그러나 목란꽃을 배제하는 방식으로 이루어지는 흡수 통일은 평화 통일이라는 수식을 통해 설명되기는 어렵다.

## 3. 자본화된 통일과 '학습'되는 이산가족의 슬픔

초등 교과서에 반복적으로 등장하는 주된 내용은 '통일이 되어야 하는 이유'이다. 1950년대 국어 교과서에 서술된 통일은 경제적 가치를 내세우지 않아도 필히 이루어져야 하는 민족적 과제였다. 그러나 현행 초등 교과에 등장하는 통일의 필요성은 설득의 과정을 필요로 한다. 교과서에서 제시하고 있는 통일의 필요성은 크게 2가지로 구분된다. 첫째는 이산가족의 슬픔이고 둘째는 통일 편익이다.

사진 6은 통일이 되면 할 수 있는 일을 생각해 보는 학습 단원이다. 통일이 되었을 때의 긍정적인 효과들을 제시함으로써 통일에 대한 열망을 심어 주고자 하는 것이다. 중요한 점은 통일의 긍정적 효과로 제시된 사항 중 하나가 '우리나라'의 발전이라는 것이다. 이는 한 민족으로서의 결속감이 옅어지면서 이산가족의 슬픔이라는 정서만으로 더 이상 통일의 당위성을 설득하기 어려운 시대적 간극이 발생했음을 보여 준다. 『겨울1-2』뿐만 아니라 『도덕6』에서도 통일이 필요한 이유로 통일 편익을 제시하고 있

사진 6(왼) 교육부, 『겨울1-2』(동아출판, 2022, 60쪽)
사진 7(오) 교육부, 『도덕6』(지학사, 2020, 99-100쪽)

다. 『도덕6』의 「5. 우리가 꿈꾸는 통일 한국」 단원에는 '분단 비용과 통일 편익'이란 글이 실려 있다. 아들이 아버지에게 왜 통일을 해야 하냐고 묻자 아버지는 "남한과 북한이 통일을 이루면 우리나라는 지금보다 훨씬 잘 사는 나라가 될 수 있단다. 북한에는 천연자원이 많고 남한은 기술력이 좋아서 작지만 부유하고 강한 나라가 될 수 있지. 이처럼 통일이 되면 얻을 수 있는 이익을 '통일 편익'이라고 해"[5]라고 대답한다. 통일이 되어야 하는 이유로 통일 편익을 제시하는 것은 통일의 가치를 오로지 경제적으로 환산해 버릴 수 있다는 위험성이 있다. 게다가 통일의 경제적 가치를 설명하는 내용은 도덕이라는 과목에 적합하지 않다.

앞서 설명한 것처럼, 통일의 가치를 경제적으로 환산하는 것은 자본으로 환산되지 않는 다른 가치들을 퇴색시킬 위험성이 있다. 또 국가의 경제 발전을 위해서는 통일을 이룩해야 하며 통일을 이루기 위해서 국민으로서의 노력이 필요하다는 해석으로까지 나아가게 된다면, 이는 국가 발전을 위해 국민을 동원하는 국가주의로 해석될 우려도 있다. 애국심을 통일에 대한 에너지로 전환하려는 『도덕4』의 "실천 꼭"[6]을 이러한 통일 편익과 겹쳐 읽으면 또 다른 해석을 가능하게 한다. 『도덕4』의 "실천 꼭"은 통일을 위해 할 수 있는 일들을 생각해 보고 실천하자는 내용이다. 예시로 제시된 항목은 '통일을 주제로 일기 쓰기'와 '위문편지 쓰기'가 있다. 국가의 경제적 발전을 위해서는 통일이 필요하며 통일을 위해 노력하는 것이 곧 나라 사랑이라는 일차원적이고 일방적인 통일 교육은 개발 독재 시대의 국가 발전 이데올로기를 떠올리게 한다. 교과서에서 직접적으로 이데올로기를 강화하고 있지는 않지만 국가의 경제 발전을 이유로 국민을 동원하는 것이 당연시된다면, 유사시에 국가에 대한 개인의 희생을 정당화할 논리로 탈바꿈될 수 있음을 간과해서는 안 된다. 또 통일이 필요한 이유와 현실적으로 어려운 이유 그리고 통일 이후 맞이할 문제점들에 대해 스스로 사고해 보는 과정을 거치지 않고 오로지 통일의 당위성만을 강조하는 일방적인 통일 교육은 '경제 발전을 위한 통일'이 국가주의적이라는 인상을 더욱 강하게 만든다.

북한은 남한의 우수한 기술을 통해 개발되어야 하는 개척지도 아니고 대한민국의 경제 발전을 위해 끌어다 쓸 수 있는 자원의 제공지도 아니다. 북한과의 문화적 격차를 줄이는 과제를 해결하지 못했음에도 선불리 '통일 대한민국'을 상상하고 그 긍정적 효과만을 상기시키는 것은 1950년대의 대한민국이 통일을 상상하는 낙관적인 방식과 다름없다. 따라서 현실적으로 실현 가능한 평화 통일의 방안을 모색하는 과정에서 일찍이 무궁화로 뒤덮인 한반도를 각인시키는 방식의 남한 중심적 통일 교육은 북진 통일의 현재적 변형태인 흡수 통일의 정당화로 읽힐 수 있다.

그런데 『겨울1-2』 및 『도덕4』와 달리 고학년의 수준에 맞춘 『도덕6』의 경우에는 앞의 교과서들에서 다루지 않는 통일 이후의 어려움에 대해서도 설명하고 있다. 『도덕6』에서 제시하고 있는 통일 이후의 어려움으로는 "통일에 들어가는 비용 때문에 겪는 경제적 어려움"과 "통일 이후 남북한 사람들의 갈등"[7] 등이 있다. 이외에도 발생할 수 있는 다른 문제들에 대해 조사해 보고 생각할 수 있도록 지도하고 있다. 이를 통해 통일 과정과 그 이후의 어려움에 대해 어느 정도 예측해 볼 수 있게 된다. 그러나 통일이 필요한 이유에 대해서 스스로 사유해 볼 수 있는 기회를 제공하고 있지 않다는 점에서는 아쉬움을 남긴다. 아이들이 스스로 궁리해 볼 수 있도록 하지 않고 정답을 제시하는 방식으로 이루어진 통일 교육은 이산가족의 아픔을 '학습'하는 세대에게 경제적 가치로만 환산되어 다가올 뿐이다.

1950년대 국어 교과서를 통해 드러난 통일은 단일 민족이라는 결속감에 더하여 공산권을 몰아내려는 냉전 이데올로기로 인해 애초부터 당위성을 획득한 상태였다. 이와 달리 현행 초등 교과서에서는 민족주의적 정서만으로는 설득되지 않는 시대적 거리의 발생으로 자본주의 논리에 탑승한 경제적 이득으로서의 통일이 등장한다. 공통적으로는 '우리나라'라는, 범주가 모호한 용어가 특정한 정치성을 은폐하는 데 사용되고 있다는 점이다. 문제는 통일이 필요한 이유를 1950년대부터 재구성되어 온 '우리나라'라는 모호한 민족성과 도덕이라는 과목과는 무관한 통일 편익 개념을 통해 학습한다는 것이다. 또 '화합 없는 평화 통일'이라는 모순된 방안을 정답으로 제시하고 있다는 점에서 현 초등 교과서의 통일 교육을 재검토해 볼 필요가 있다.

3

# 냉전과 일상

# 한국 속 남의 땅, 용산 기지 이야기

백동현

부산대학교에서 정치외교학 석사 과정을 수료하고 현재 「영국의 거문도 철수(1885~1887)에 관한 연구: 영국 내 정부 교체 요인을 중심으로」라는 학위 논문을 준비 중이다. 주요 관심사는 19~20세기 국제 정치, 전쟁사, 냉전, 한반도 세력 균형이다.

## 1. 용산은 언제부터, 어쩌다가 남의 땅이 되었을까?

해도 제대로 뜨지 않는 시각, 군 시절 나의 하루는 언제나 5시에 시작했다. 아직 잠에서 덜 깬 채로 옷을 갈아입고, 세수를 하고 바로 밖으로 나갔다. 집합은 언제나 5시 15분까지, S-1405 병영(barrack) 앞에서. 매일 있는 체력 단련(PT: Physical Training) 시간이었다. 대열에 맞춰 정렬하고, 몸풀기 체조를 하고 나면 이제 본 운동을 할 차례였다. 본 운동 때 무엇을 할지는 날마다 달랐지만 대체로 뜀걸음을 했다. 해가 일찍 뜨는 여름엔 물론, 아직 해가 뜨지 않아 어두컴컴하고 쌀쌀한 겨울에도 금방 땀이 났다. 영내가 무척 넓었지만 매일 뜀걸음을 하다 보니 눈에 들어오는 풍경도 익숙해질 때쯤이었다. 같은 부서에서 근무하던 미군 병사가 매번 같은 코스를 뛰니 쉽게 질린다고 건의했다. 군부대 밖에 바로 시가지도 있고 남산(南山)도 있으니 PT를 좀 색다르게 해 보는 게 어떠냐고 주장했다. 다시 말해 매번 영내에서 뛰는 건 지겨우니 영외에서 뛰고 싶다는 것이었다. 그 후로 몇 달간 매주 금요일에 하는 PT는 평소와 달리 좀 특별해졌다. 한 달에 두어 번은 남산타워를 왕복했고, 가끔 4호선 삼각지-신용산, 6호선 녹사평-이태원처럼 지하철 노선을 따라 동네를 크게 한 바퀴 돌았다.

평소에는 대수롭지 않게 여기던 군부대의 위치를 아마 이

때부터 신경 쓰기 시작했을 거다. 일반적으로 군 관련 시설은 사람들이 많은 시가지와 멀리 떨어져 있다. 국방부나 수도방위사령부, 기무사령부 같은 기관 정도나 예외일 것이다. 예컨대 부산을 방위하는 53사단의 경우 해운대에 있긴 하다. 그러나 사람들이 흔히 생각하는 해운대 백사장과는 거리가 있고, 53사단이 지금 위치에 자리 잡을 때만 해도 해운대는 부산의 도심이 아니었다. 즉 부산이 점점 도시화를 겪고, 전에는 사람이 살지 않던 곳도 개발이 되면서 53사단이 시가지와 가까워졌을 뿐이다. 사격장에서 나오는 소음 문제나 각종 장비들의 출입, 그리고 보안 문제 때문에 군부대는 보통 외진 곳에 있다.

하지만 내가 복무했던 서울 용산 미군 기지(USAG Yongsan: United States Army Garrison Yongsan)는 어떤가? 서울역(도보로도 멀지 않아 휴가 때 왔다 갔다가 하기 정말 편했다), 남대문, 광화문, 종로와 같은 번화가가 용산 코앞이며, 바로 앞에 흐르는 한강만 건너면 강남이다. 용산은 앞에는 한강, 뒤에는 남산을 끼고 있다. 예로부터 풍수지리에서 좋게 평가하는 전형적인 배산임수 지형이다. 조선의 도읍이었던 한양(漢陽) 시절에 용산은 도성 바깥에 있는 지역이었다. 하지만 조선 팔도에서 오는 물자가 한강이라는 수운을 거쳐 도성 안으로 전달되었음을 생각해 보면 용산은 지리, 교통, 군사 면에서 아주 중요했다. 1963년 서울 대확장[1] 이후 주변 지역을 편입하면서 서울 면적은 오늘날 우리가 아는 모습에 가까워졌다. 그러면서 용산은 지리적으로 서울 한가운데에 위치한 구역이 되었다. 이처럼 중요한 땅이 어쩌다가 외국에 넘어간 건지, 자못 궁금해졌다.

## 2. 청과 일본이 점령한 용산

이른바 노른자 땅이었던 용산은 상술한 이유로 쉬이 다른 나라에 표적이 되었다. 한 세기 넘게 외국군 주둔지가 되었던 용산의 역사는 19세기 말로 거슬러 가야 자세히 알 수 있다. 당시 국제 정세에 어두웠던 조선은 제국주의 열강들이 이권 확보를 위해 경쟁했던 각축장으로 전락했다. 특히 이웃 국가인 청과 일본이 조선을 놓고 첨예하게 대립했다. 그러던 와중 1882년 7월 조선에서 임오군란(壬午軍亂)이 발생했다. 나라의 국방과 치안을 책임지는 구식 군인 대다수가 조선 최초 신식 군대인 별기군과 차별 대우에 항의했다. 그러나 문제는 여전히 개선되지 않았다. 이에 불만을 품고 구식 군대가 난을 일으켰다. 군란을 막을 도리가 없었던 조정은 청나라에 원병을 요청했다. 조선 정부는 군란을 겨우 진압할 수 있었다. 다만 청나라에 도움을 받은 게 화근이 되었다. 군란을 수습하자 청은 조선에 군사 3천여 명을 상시 주둔시켜 조선 정부를 압박했다. 당시 청나라 군대가 주둔지로 선택한 곳이 용산[2]이었다.

임오군란의 영향은 단순히 청나라 군대가 조선에 주둔하는 것으로 끝나지 않았다. 임오군란 이후에 체결된 조청상민수륙무역장정(朝淸商民水陸貿易章程, 1882)에 따라 청나라 상인들은 개항장을 벗어나 조선 내륙 곳곳에 진출할 수 있었다. 1876년 강화도 조약(정식 명칭은 조일수호조규朝日修好條規) 이후 조선에서 영향력을 확대하고자 했던 일본의 입지는 청이 영향력을 강화하면서 크게 흔들렸다. 그러나 일본 역시 임오군란 사후 처리를 위해 1882년에 조선과 제물포 조약(濟物浦條約)을 체결했다. 임오군란 때 자국 공사관과 거주민들이 입은 피해를 보상하라는 점을 내세워 조선을 압박했기 때문이다. 그 결과 일본군도 청나라군과 마찬가지로 한성에 주둔하게 됐다.

조선에 군대를 주둔시킨 청과 일본은 이후 주도권을 놓고 밀고 당기기를 계속했다. 일본이 청을 기습 공격하여 발발한 청일 전쟁(1894~1895)에서 승리하자 우위는 일본으로 넘어갔다. 승전국인 일본은 청나라 주둔지 용산을 차지했다. 이후 청에서 일본으로 주둔군 국적만 바뀌었을 뿐 용산의 수난은 계속됐다. 청을 배제한 일본은 조선을 확실히 차지하기 위해서 또 다른 열강과 대립해야 했다. 연해주를 거점으로 남하 정책을 추진하던 러시아였다. 두 나라 간 대립은 러일 전쟁(1904~1905)으로 이어졌다. 일본은 러일 전쟁을 치르기 위해 조선 곳곳에 철로를 부설하고 병참 기지를 조성했다. 용산에 주둔하던 일본군이 '한국주차군(韓國駐箚軍)'[3]으로 확대 편성되면서 용산 기지는 오늘날 우리가 아는 모습으로 바뀌었다. 러일 전쟁이 일본의 승리로 마무리되자 일본은 1차 기지 공사(1906~1913)를 완료했다. 이후 한양 일대에 분산 주둔했던 군부대들은 용산으로 집결했다. 전쟁이 끝났으나 일본은 용산을 여전히 중요한 군사 전초 기지로 활용했다. 이는 일제강점기 내내 이어졌다.

1910년 일본이 조선을 강제로 병합하고 용산에 도로, 전기, 전차 등 각종 도시 기반 시설을 구축했다. 한편 조선총독부는 행정구역을 전면 개편했다. 원래 행정구역상 고양군(高陽郡)[4]의 일부였던 용산이 경성부에 포함된 것도 이때부터다. 1922년까지 이어졌던 2차 기지 공사를 통해 기지 경계가 넓어졌다. 이후 용산 기지는 지금과 비슷한 형태를 갖추었다. 일본은 조선을 완전히 식민지로 삼아 대륙 침략을 위한 기지로 구축하고자 했다. 이때 조선에 주둔하는 2개 사단을 증설했고, 군 사령부와 관사 등 각종 건물도 새로이 증축했다. 당시 세워진 건물들은 오늘날까지 남아 있다. 일본군 이후 용산에 자리 잡은 미군이 건물 일부를 그대로 활용했기 때문이다.

## 3. 미국의 품으로 간 용산

일본군에 이어 주한 미군(USFK: United States Forces Korea)이 용산에 진주했다. 해방 직후인 1945년, 패전국 일본이 물러가고 승전국 미국이 한반도에 들어오면서부터였다. 미 24군단 예하 7사단은 서울과 인천에 있던 일본군을 무장 해제하고, 주요 시설물 보호하고, 치안 유지를 담당했다. 3년간 이어졌던 미 군정기가 끝나고 1948년 선거를 통해 남한은 단독 정부를 수립했다. 애초 한반도에 짧게 주둔할 예정이었던 미군은 400여 명만 남고 모두 철수했다. 그러나 북한이 남한을 기습하여 한국 전쟁(1950~1953)이 발발하면서 상황이 바뀌었다. 미군이 다시 한국에 투입됐다. 전쟁 내내 미군을 중심으로 한 유엔군은 한반도에 주둔했다. 전쟁이 휴전으로 일단락된 이후에도 미군은 계속 진주했다.[5] 1957년 주한 미군 사령부가 창설되면서 용산은 본격적인 미군 기지로 탈바꿈했다. 미군은 일본군이 남긴 용산 기지를 재활용해 보수와 증축을 이어 갔다. 그렇기에 기본적인 기지 구획은 과거 일본의 조선군 사령부 때와 큰 차이가 없다.

완전히 미군 기지로 바뀐 후에도 일본군이 남긴 잔재는 여전히 용산 곳곳에 남아 있다. 일제 강점기에 조성된 이태원로는 용산 기지를 남북으로 양분했는데, 이는 지금도 마찬가지다. 기지 남쪽 사우스 포스트(South Post)[6] 서남단 부근에는 콘크리트 벙커가 세워져 있다. 유사시 주요 인사들이 대피하고 작전을 지시하는 용도로 만들어진 곳이다. 일제 강점기 때 이곳에는 조선군 사령부가 위치했다고 한다. 사령부와 연결돼 있던 조선 총독 관저 자리는 121병원[7]과 미군 장성 숙소 건물이 들어서 있다. 한국전쟁으로 총독 관저는 불탔고, 1960년대에 완전히 철거됐다. 그 자리에 미군이 새롭게 병원을 지은 것이다. 조선군 사령부와 조선 총독 관저 건물은 사라졌지만 두 건물을 잇던 지하 터널은 폐쇄된 상태로 남아 있다. 이외에도 일제 조선군 사령부 장교 숙소는 **주한미합동군사업무단**(JUSMAGK)✿ 건물로 바뀌었다. 이곳은 해방 직후 열린 **미소 공동 위원회**✿ 당시 소련군이 숙소로 쓰기도 했다. 메인 포스트(Main Post) 동북단에 있는 일본군 감옥 건물도 미군 의무대 건물로 쓰였다. 그리고 용산 기지 남북을 잇는 구름다리 부근에 일본군 막사와 바로 옆에 있던 **미8군 전몰자 기념비**✿가 있다. 이 역시 일본군이 남긴 건축물을 미군이 그대로 활용한 예다.

## 4. 한국으로 반환될 주한 미군 기지

1953년 7월 27일 이후로 한반도는 정전(停戰) 상태다. 휴전이 오래 이어지고 있는 것만큼 미군도 계속 한반도에 주둔 중이다. 다만 그때와 지금 달라진 것이 있다. 국방비다. 물론 예나 지금이나 전쟁이 발발하면 천문학적인 금액을 써야 한다. 비단 전시(戰時)가 아니더라도 신형 장비를 보급하고, 군사 훈련을 시행하는 등 평상시에 소모되는 국방비도 무시할 수 없다. 아무리 기축 통화인 달러(USD)를 자국 통화로 이용하고 전체 예산 규모가 다른 나라와 비교할 수 없을 정도로 큰 미국 처지에도 날이 갈수록 증가하는 국방비는 큰 부담이다. 2022년 기준[8] 미국은 8,010억 달러를 국방비로 지출했다. 미국 다음가는 중국이 지출한 2,930달러의 2배를 훨씬 웃도는 수치다. 미국이 지출한 GDP 대비 국방비는 3.2%나 된다. 국방비 지출 상위 20개국 중에서 이 비율을 넘어서는 국가는 사우디아라비아(8위, 556억 달러, 6.6%)와 이스라엘(15위, 243억 달러, 5.2%)밖에 없다.[9]

현대전에서 핵심은 해군과 공군이다. 항공모함, 구축함, 전함, 잠수함 등으로 제해권을 장악하고, 전투기와 폭격기로 제공권을 장악해야 전쟁에서 승리할 수 있다. 육군이 중심이 되는 백병전의 비중이 아예 없어진 것은 아니나 예전보다 비중이 작아진 것은 사실이다. 문제는 해군과 공군은 값비싼 장비를 운용하는 곳이다. 그래서 육군과 비교하면 훨씬 더 지출을 많이 해야 유지할 수 있다. 미국은 한국 전쟁 이후로도 베트남, 이라크, 아프가니스탄 등지에서 오랫동안 전쟁을 겪었다. 특히 미국은 아프가니스탄 전쟁 비용으로 20년 동안 1조 달러, 우리 돈으로 1천조 원이 넘는 금액을 소모했다고 발표했다. 더군다나 2008년 금융 위기, 2020년 이후 세계 경제를 마비시킨 코로나바이러스(COVID-19), 날이 갈수록 심해지는 양극화, 실업률 증가와 물가 상승 같은 대내적 요인 때문에 아무리 미국이라도 더 이상 예전처럼 막대한 국방비를 지출하긴 힘들어졌다.

이러한 맥락에서 등장한 것이 '주한 미군 기지 이전 사업'이다. 이 사업이 처음 논의된 건 1987년이었다. 당시 노태우 대통령 후보는 "주한 미군 기지 이전"을 공약으로 제시했다. 1990년 6월 25일 한미 양국은 1996년까지 용산 기지를 오산(烏山)[10]/평택(平澤)[11] 지역으로 이전할 것을 골자로 하는 양해각서와 합의각서에 서명했다. 그러나 과도한 이전 비용 때문에 한국 정부는 기지가 이전할 용지 매입을 1993년에 중단했다. 미국 역시 기지 이전에 그리 적극적이지 않아 더 이상의 진전은 없었다. 이후 노무현 정부는 출범 직후 "보다 평등한 한미관계"로 발전을 강조하면서 **주한미군지위협정**(SOFA, Status of Forces Agreement) 개정 및

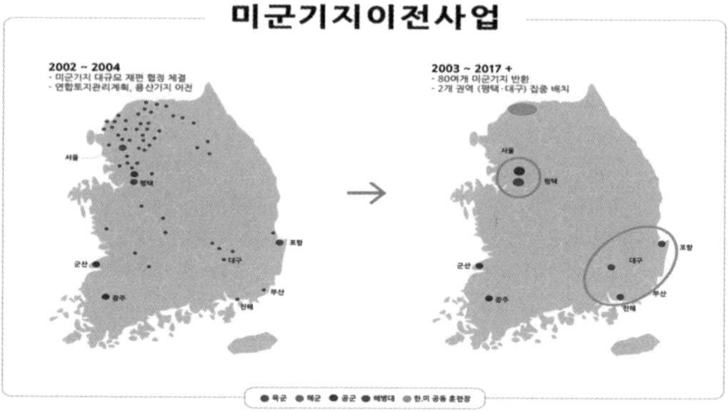


그림 1 미군 기지 이전 사업 (녹색연합)

주한 미군 기지 이전 문제를 공론화했다. 한미 정상 간 합의를 통해 주한 미군 사령부는 "한국 전역에 흩어져 있는 미군 기지를 오산/평택 지역과 부산(釜山)[12]/대구(大邱)[13] 지역으로 통폐합하면서 이전" 한다는 계획을 2003년 4월 26일 발표했다. 2004년 7월 개최된 제 10차 **한미미래동맹정책구상회의**(FOTA, Future of The Alliance)🙤 에서 기지 이전과 관련된「포괄협정(Umbrella Agreement)」과 부대별 이전 계획 등이 담겨 있는「이행합의서(Implementation Agreement)」를 작성했다.

주한 미군 기지 이전 사업은 다음처럼 크게 둘로 나눌 수 있다. 용산 기지를 오산/평택 지역으로 이전하는 'YRP(Yongsan

Relocation Program) 사업'과 의정부·동두천 등에 있는 미군 기지를 대구 지역으로 이전하는 'LPP(Land Partnership Plan) 사업'이다. 사업에 따르면 주한 미군은 그동안 91개 구역 약 7,300여만 평에 흩어져 있던 병력을 평택·오산이 있는 중부권과 대구·왜관·김천이 있는 남부권 등 2개 권역으로 2008년 12월까지 재배치한다. 단 전방 지역에 위치한 한미합동훈련장과 훈련 시설 및 용산 기지 내의 드래곤 호텔(Dragon Hill Lodge), 업무협조단(USFK Liaison Office), 연합사령관(Combined Forces Command) 서울 사무소 등은 유지된다. 반면 용산 기지 내에 미국 대사관 직원 숙소, 일반 용역 사무실, 클럽 등은 기지 이전과 동시에 다른 곳으로 옮긴다. YRP 사업 예상 총사업비는 8조 8,600억 원가량이며 한국이 비용을 부담하고, LPP 사업 예상 총사업비는 7조 1,000억 원으로 미국에서 비용을 부담한다.[14]



## 5. 기지 이전 과정에서 불거진 문제와 용산 기지의 미래

하지만 이전 작업이 계획대로 순탄하게 흘러가진 못했다. 이 정도로 대규모 공사가 이뤄지면 예상치 못한 변수가 나오기 마련이지만 한국 정부, 아니 한국인 처지에서 매우 당황스러운 변수

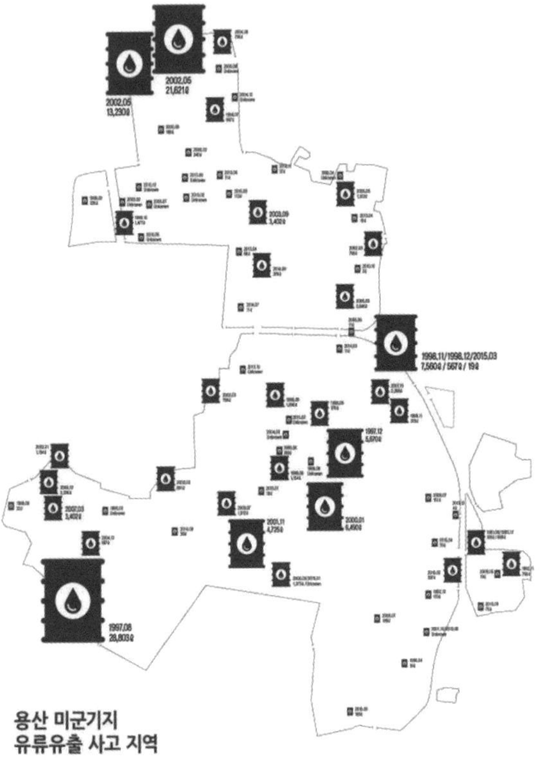


그림 2 용산 미군 기지 유류 유출 사고 지역 (녹색연합)

였다. 그동안 미군 기지로 사용되던 곳에 환경 오염이 너무나 심각한 것으로 드러났다. 특히 토양과 지하수 오염이 심각했다. 미군이 각종 장비에 사용한 후 적절히 처리해야 할 폐유를 무단 방류한 탓이었다. 미국이 돌려준 부지를 어떤 식으로 용도를 변경하든 간에 오염된 토지와 수자원을 반드시 정화해야 했다. 역시 비용이 문제였다. 한국 정부와 미국 정부 중 누가 기지 오염을 정화할지 줄다리기를 계속하면서 기지 반환 역시 차일피일 미뤄졌다. 용산 미군 기지는 2019년 12월, 2020년 12월, 2022년 2월 세 차례에 걸쳐 부분 반환되었다. 그러나 오염 정화 문제는 단 한 차례도 미국과 합의하지 못했다. 현 정부는 '선 반환 후 정화' 전략을 취하고 있다. 이 때문에 오염 정화 문제, 특히 비용과 관련한 협상력이 이미 크게 약화한 상황이다.

더 큰 문제가 남아 있다. 환경 오염도 심각하지만 정작 이 오염이 얼마나 심각한지 한국 정부로서는 확실히 파악할 방법이 마땅치 않다는 것이다. 한국 정부로 완전히 반환되기 전까지 미군 기지 용지는 치외법권이 적용되는 곳이다. 즉, 이곳은 한국이 아닌 미국 영토이다. 아무리 미군 기지가 한국 영토에 둘러싸인 곳이라도 타국 영토를 함부로 조사할 수는 없는 노릇이다. 한국의 시민·환경단체들은 미국 정부에 기름 유출 사고 관련한 정보를 공개하라는 청구를 지속했다. 그런데도 그때마다 미국 정부는 매번 공개할 수 없다고 밝혔다. 단체들은 외국인에게도 정보 공개가 가능한 미국자유법(FOIA)에 따라 미국 국방부(DoD: The United States Department of Defense)를 상대로 자료를 청구해 기름 오염 기록을 입수할 수 있었다고 한다. 이처럼 정보가 투명하게 드러나지 않는 이유는 한·미주둔군지위협정(SOFA)에서 환경 관련 조항이 느슨하기 때문이다. 2000년 미군의 한강 독극물 방류 사건[15]이 발생하자 1년 후 SOFA에 부속서 형태로 환경 조항이 신설됐다. 해당 규정인 '환경정보공유 및 접근 절차'[16]에 따르면 미군 기지 내부에서 환경 사고가 발생했을 땐 SOFA 환경분과위원회를 통해 환경 사고 정보를 한국 정부와 공유해야 한다.[17] 하지만 이는 의무 조항이 아니어서 실효성이 없다. 그렇다 보니 미국 정부는 굳이 민감한 사안을 공개할 이유가 없으며, 한국 정부와 시민·환경 단체도 더 이상 적극적으로 조처하기 힘들다.

용산 기지가 마주한 문제는 더 있다. 이 문제는 비단 용산 기지에만 해당하지 않는다. 일찍이 다른 지역에 있었던 미군 기지가 반환되면서 이미 여러 차례 불거진 문제였다. **캠프 하야리아**(Camp Hialeah)를 돌려받기 위해 1995년부터 부산 시민들과 지자체가 힘을 모았다. 2007년에 최종 반환된 이 땅은 환경 정화와 공사를 끝낸 후 2014년에 부산시민공원이라는 이름으로 시민들 품에 다시 돌아왔다. 인천의 캠프 마켓(Camp Market), 원주의 캠프 롱(Camp Long)도 미군으로부터 부지를 반환받은 후 정화 작업이 한창 이어지고 있다. 캠프 하야리아처럼 공원으로 녹지화해야 한다는 주장이 크게 힘을 받고 있으나 기존 건물을 무조건 철거하는 것만이 능사가 아니라는 주장도 있다.

구 용산 기지는 이에 비해 훨씬 넓은 공간이다. 대부분 부지는 용산공원으로 탈바꿈하겠으나 공원 안에 어떤 시설을 만들지가 쟁점이다. 앞서 언급한 부산, 인천, 원주 같은 경우 지자체가 강력한 권한을 발휘할 수 있다. 하지만 서울에는 중앙 정부와 국토교통부, 서울시 외에도 문화체육관광부, 미래창조과학부, 여성부, 경찰청, 산림청, 문화재청, 보훈처 등 수많은 유관 단체가 있다. 부처마다 용산공원을 활용할 방안을 내놓았으나 결국 부처 간 '나눠 먹기'가 아니냐며 비판받았다. 이를 의식해 용산공원은 결국 전면 생태공원으로 바뀔 예정이다. 일각에서는 서울 주택난 해소 및 집값 안정을 위해 용산 기지 터를 공원으로 개발하지 말고, 고층 아파트 단지로 개발하자고 주장한다. 다만 이는 용산공원에 있던 역사적 맥락을 무시하고, 경제 개발과 부동산 가격에 휘둘린 논리라는 반대 의견도 있다. 설사 공원이 되더라도 뉴욕 센트럴파크 같은 단일 거대 공원으로 조성할지, 아니면 경의선 숲길처럼 소형 녹지 공원을 대량으로 공급해야 할지 의견 대립도 팽팽하다.[18]

한국 속 남의 땅이었던 용산이 우리에게 온전히 되돌아오기까지는 아직도 넘어야 할 산이 많아 보인다. 특히 지난 2022년 5월 10일부로 임기를 시작한 윤석열 대통령은 핵심 공약으로 대통령 집무실 이전을 내세웠다. 이에 따라 대통령의 업무 공간은 더 이상 청와대가 아니라 용산에 있는 과거 국방부 청사가 되었다. 역대 대통령들이 모두 대통령 집무실을 옮기겠다는 계획을 내세웠다. 그러나 이런저런 이유로 실현되지 못하다가 현 정권 들어서 겨우 실행된 것이다. 대통령 집무실 용산 이전을 놓고 여러 논란이 있었다. 이 논란이 대통령 집무실 바로 옆에 있는 용산공원에 관한 논란으로 번지지 않길 바랄 뿐이다. 100년이 넘는 세월 동안 남의 땅으로 있었던 용산 기지가 우리 품에 돌아오기 코앞이다. 그곳이 한 명이라도 더 많은 사람이 온전히 누릴 수 있는 공간으로 하루빨리 탈바꿈했으면 좋겠다. 이게 필자만의 지나친 욕심일까? 아마 그렇진 않을 것이다.

# 사라진 냉전의 여자들

장수희

동아대학교 초빙 교수. 「일본군'위안부' 서사자료 연구」로 박사 학위를 받았다. 여성의 삶이 문학과 역사, 문화 속에 어떻게 기입되어 왔는지에 관심이 있다.

## 1. 오키나와와 A사인바

오키나와는 일본이지만 오키나와 사람들은 오키나와를 일본과 구별해 '우치나'라고 한다. 일본이지만 일본이 아니기도 한 곳이 오키나와이다. 그것은 오키나와가 류큐국이라는 독립 국가였다가 비교적 뒤늦은 시기인 1870년대에 일본 본토로 강제로 병합되었기 때문만은 아닐 것이다. 오키나와가 '일본'과는 다른 곳이라는 것을 보다 강렬하게 보여주었던 것은 바로 아시아 태평양 전쟁 시기였다. 아시아 태평양 전쟁 말기, 패배의 기운이 감돌자 일본 제국은 어떻게든 '본토'를 지키기 위해 '오키나와'를 지상전의 전장으로 만들면서, 오키나와는 '버려진 돌(捨石)'이 되었다.

그리고 1945년 일본이 패전한 후 미군이 오키나와에 점령하게 되면서 1972년 오키나와 시 정권이 일본으로 복귀할 때까지 미군의 점령은 이어졌다. 그렇게 오키나와는 본토인 일본을 대신해 미군의 기지로 내버려졌다. 이후 동아시아에서 일어나는 전쟁—한국 전쟁, 베트남 전쟁 등— 때마다 오키나와에서 미군의 전투기가 출격하였다. 그리고 지금도 일본 미군 기지의 75%가 오키나와에 집중되어 있다. 오키나와는 하나의 거대한 군사 기지화된 섬이고, 언제든 미군 기지를 타격하려는 세력의 표적이 되는 섬이기도 하다.

1972년 오키나와 시정권이 일본으로 복귀되기 전 오키나와에는 'A사인바'라는 것이 있었다. A사인바는 미군이 공인한 음식점과 술집을 표시하는 A사인을 걸어둔 바를 말한다. 1953년 11월에 이 제도가 시작되었고 미군 풍기단속위원회의 위생 기준에 합격했다는 'Approved(허가됨)'의 머리글자 표시를 매장에 내걸고 영업해야 했기 때문에 A사인바로 불리게 되었다. 그리고 이곳에서 일하는 여성들은 주 1회 성병 검사를 받아야 했다. 이는 미군정국에서 미군들의 성병 감염 대책으로 나온 정책의 일환이었다. 이 제도는 72년에 폐지되는데 미군정 시기 A사인바의 존재와 역사는 오키나와 기지화의 역사와 여성사에서 중요한 일부분이기도 하다.

사진 1 A사인 (えぬ, Wikimedia Commons)

이러한 중요성 때문에 A사인바와 관련된 역사는 **오키나와 평화기념자료관**[13]에도 전시 내용에 들어가 있다. 오키나와 평화기념자료관은 오키나와의 역사와 아시아 태평양 전쟁 때 미군과의 지상전 역사 기록, 그리고 전쟁이 끝난 이후부터 1972년 시정권 반환 때까지의 역사, 시정권 반환 이후의 역사를 망라하고 있다.

그런데 1998년 오키나와현 정권이 보수로 바뀌자, 보수 정권에 의해 오키나와 평화기념자료관의 전시 조작 사건이 일어나게 된다. 일본의 오키나와에 대한 가해 역사를 축소해 전시한 것이다. 아시아 태평양 전쟁 당시 지상전의 공간이 된 오키나와에서는 오키나와 가마의 참극 등 일본군이 오키나와인들에게 집단 자결을 강요했던 일도 있었다. 이는 오키나와 사람들에게 깊은 트라우마를 남겼고, 오키나와의 역사에서 빼놓을 수 없는 것이었다. 하여 원래 오키나와 평화기념자료관에는 일본군에 의한 참극을 보여 주는 전시가 있었으나, 이것이 조작되면서 일본 군인의 모습을 삭제시키거나, 오키나와인을 향한 일본 군인의 총구가 다른 곳을 향하는 것처럼 돌려지게 되었다.[1] 이때 일어난 전시 조작 중 하나가 A사인바에 대한 전시 조작이었다.

당초에는 미군 기지 거리를 재현하면서 A사인바를 재현하고 '가게에서 일하는 여성', '미군 병사(베트남 귀휴병)', '거리를 순찰하는 헌병'을 실물 크기로 설치할 예정이었다.[2] 그러나 실제 전시는 실물 크기의 인형들이 사라지고, 'A사인증'을 붙인 가게와 주크박스, 간판, 네온사인과 축소된 면적의 가게 건물만 전시로 남게 되었다.

이후 오키나와 평화기념자료관의 전시 조작이 드러나게 되자 다른 전시들은 원래의 계획대로 복원되었으나, 전후 미군들에 의한 성 관리 정책과 성폭력 등을 보여 주는 A사인바 전시는 전혀 알 수 없도록 보통의 술집처럼 전시되게 된다. 오키나와가 미국과의 전쟁에서 '버려진 돌'이 되어 전쟁터가 되고 사람들이 학살당했던 희생의 역사는 기억되어야 하지만, 그러한 '희생' 중 A사인바 여성들의 역사는 끝내 복원될 수 없이 지워져야 했던 것이다. 많은 지식인이 이 전시 조작 사건에 대해 문제 제기를 하면서 일본군으로부터 받았던 주민의 피해에 대한 전시가 복원되었지만, A사인바 전시는 젠더화된 문제 제기 속에서 제외되었다.

냉전 시기 미군 기지화된 동아시아의 지역 속에서 여성들에게 일어났던 폭력의 역사는 국가와 로컬로부터도 젠더적 기억으로 배제되며, 이중의 억압에 놓이게 된다. 이러한 상황은 일본에서만 일어나는 것이 아니었다. 한국 전쟁의 전장이자 또 다른 미군 주둔지이기도 한 한국에서도 똑같이 일어나고 있다.

사진 2(위)
A사인바 내부

사진 3(아래)
A사인바 외부

(저자 촬영)

## 2. 하야리아 부대와 부산시민공원역사관

2014년 정식으로 개원한 부산시민공원은 일제 식민지 시기 경마장으로 사용되었던 곳이다. 아시아 태평양 전쟁 시기에는 임시군속훈련소로 사용되어 남방에 파견된 많은 포로 감시원이 이곳을 거쳐 갔다. 해방 이후에는 유엔군과 주한 미군이 접수하였고 2006년 폐쇄될 때까지 일명 '하야리아 부대'로 불렸다. 한국 전쟁이 발발하자 주한 미군 부산 기지 사령부가 이곳에 설치되었는데 초대 사령관의 고향 이름을 따 애칭으로 부른 데서 시작된 이름이라고 한다.

해방과 한국 전쟁을 지나 분단의 시기 동안 내내 부산은 부산 한 가운데에 미군 기지를 품고 있었다고 할 수 있다. '냉전'이라는 것이 열전의 전장이 아니라 적대를 일상 속에 구현하는 것이라면 38선에서 가장 먼 '피난지'였던 부산 또한 치열한 냉전의 전장이기도 했다.

미군 부대가 주둔하면서 주위에 다양한 사람들이 미군 기지 주변에서 삶을 꾸려가게 되면 기지촌이 형성된다. 기지와 관련되는 직업들이 생기고, 미군들이 사용하던 클럽과 업소들이 문을 열고 또 기지를 둘러싼 기반 시설들이 생겨난다. 때문에 이를 반기는 주민들이 있는 한편, 이 기지를 둘러싼 경제 속으로 흡수

되어 보이지 않는 노동을 하게 되거나 착취를 당하게 되는 이들도 존재했다.

가시화되지 못하는 노동의 대표적인 장소가 바로 기지촌 주위에 형성된 성매매 집결지이다. 이른바 '범전동 300번지'로 불렸던 이곳은 미군 기지의 역사와 떼어 놓고 설명할 수 없는 젠더화된 역사의 장소이다. 지금 범전동 300번지에는 멋진 주상 복합 아파트가 들어서서 위용을 자랑하고 있다. 미군이 이전하고 한국에 성매매특별법이 시작되면서 기지촌이 있었던 장소도, 그곳에서 생활을 하고 있었던 여성들의 역사도 전혀 눈에 보이지 않게 되었다. 범전동 300번지라는 이름만 기성세대들의 머릿속에 남아 있게 되었을 뿐이다. 여성들의 역사가 어떤 기록도 흔적도 없이 사라지게 된 것은 부동산뿐만이 아니다.

2006년 하야리아 부대 폐쇄 이후 공원 디자인에는 제임스 코너 필드 오퍼레이션스의 '얼루비움(ALLUVIUM)' 안이 선정[3]되었고 몇몇 역사적인 건축물들을 그대로 남긴 채 부산시민공원이 완성되었다. 부산시민공원역사관은 이때 남겨진 역사적 가치를 가진 건물 중 하나로, 이곳에서는 시민공원이 식민지 시기-아시아 태평양 전쟁 시기-한국 전쟁과 미군 기지 시기를 거쳐 다시 시민에게 돌아오기까지 근 100년의 시간을 전시하고 있다. 역사관이 된 건물은 미군 기지 시절 식사와 연회가 가능한 '장교 클럽'으

사진 4 부산시민공원역사관 ('장교 클럽' 건물) (저자 촬영)

로 사용되었던 건물이다.

전시의 흐름은 식민지 이전 조선인들의 땅에서 식민지 시기에 경마장이 되고 아시아 태평양 전쟁 때 조선인 포로 감시원이 임시군속훈련소를 거쳐 남방으로 가게 되었던 역사적 정황, 전후에 BC급 전범 재판으로 유죄 판결을 받았던 사례 등을 시간 순서대로 전시하고 있다. 시민공원이 미군 기지였던 시기에 관한 전시에서는 한국의 미군 기지 현황과 하야리아 부대라는 이름의 유래, 하야리아 부대의 심볼과 주한 미군의 역사를 보여 주는 자료들을 전시하고 있다.

이어서 전시하고 있는 내용은 하야리아 부대의 부지 모양과 하야리아 부대 주위에서 살고 있던 사람들의 생활 모습을 인형으로 재현하거나 당시 미군 부대에서 나오는 물자들을 판매하던 상점, 그리고 미군들이 미국으로 귀환할 때 구매했던 기념품 가게 등이 재현되어 있다. 또 미군들이 많이 찾았던 양복집과 당시 가옥의 모습 등이 디오라마로 전시되어 있다. 그뿐 아니라 미군 기지로 사용되고 있었을 당시 건물의 구조와 어떤 종류의 건물이 있었는지, 하야리아 부대를 드나들기 위해서 필요했던 절차와 신분증 등등에 대한 것도 디오라마로 재현되어 있다.

전시를 차례대로 보다 보면, 하야리아 부대가 있어서 그 주변에서 살던 사람들은 세탁 일도 할 수 있었고, 미군 기지에서 사

사진 5, 6, 7 (왼쪽)부대 주위 빅토리아 양복점 (오른쪽) 출입 관리 (아래쪽) 빨래를 하는 여성 (저자 촬영)

용되는 물품으로 장사도 할 수 있었으며, 미군들을 위한 기념품도 팔며 살 수 있었다는 것을 알게 된다. 그리고 미군 기지가 있어 어려운 시기에도 살아갈 수 있었나? 하는 생각이 들게 된다. 이런 생각이 드는 이유는 미군 기지 시기부터의 전시가 미군/미국의 입장을 일방적으로 대변하고 있기 때문이다. 다른 나라에 있는 미군 기지에 미국 내 지명과 같은 이름을 붙인다거나, 미군 기지가 있어 기지촌의 사람들이 생업을 갖고 살 수 있었다거나 하는 미군 입장의 스토리가 전시되어 있는 것이다.

이 전시에 기지촌의 여성들, 이른바 미군'위안부'에 대한 내용은 전혀 보이지 않는다. 벽 한쪽에 '매춘' 관련 신문 기사가 붙어 있을 뿐이다. 이 역사관이 '장교 클럽'이었을 때 벌어졌던 연회도 알 수 없다. 과연 '장교 클럽'의 '연회'에 군인들만 있었을까? 하야리아 부대 주변에 있었던 '범전동 300번지'의 여성들의 이야기는 어디로 사라진 것일까?

전시를 거꾸로 생각해 보면 하야리아 부대 주변의 다양한 주민들은 미군 기지가 있었기 때문에 먹고 살았다기보다, 오히려 미군들이 그 주민들의 여러 노동 덕분에 계속 주둔할 수 있었던 것은 아닐까. 전시에서는 완전히 사라진 범전동 300번지 여성들은 군대가 주둔하기 때문에 부수적으로 일어나고 있었던 일상적 성폭력에 대한 기록이 삭제되면서 함께 사라진 것은 아닐까?

사진 8 시민공원에서 바라본 범전동 300번지 자리에 들어선 주상 복합 아파트 (저자 촬영)

오키나와 평화기념자료관에서도, 부산시민공원역사관에서도 삭제되거나 제외된 기지 주변의 여성들은 이 두 지역만의 문제는 아닐 것이다. 1945년 이후 냉전과 함께 전 세계적으로 배치된 미군 기지와 그 기지를 둘러싼 지역에서 빈번히 일어나고 있는 일일 것이다. 냉전과 미군의 군사 배치, 그리고 냉전 기지를 둘러싼 젠더 정치와 여성 기록 삭제의 역사는 지금도 계속되고 있다.

## 3. 냉전과 탈식민, 그리고 신냉전

한반도 냉전의 역사는 탈식민과 함께 이야기될 수밖에 없다. 해방 이후 식민지 처리 과정에서 분단되었고 소련과 미국이라는 두 적대의 대리전으로서의 한국 전쟁이 잇따랐기 때문이다. 일본군의 진주와 함께 시작된 식민과 미군의 진주로 시작된 탈식민과 냉전이 써 온 한반도의 역사. 그리고 이 두 시기를 관통하며 억압적 젠더 정치가 지속되어 왔다.

냉전이 끝나고 '소련'이라는 적대가 사라진 시기에, 일본군 '위안부'의 커밍아웃이 이루어졌다는 점은 상징적이다. 1991년 김학순의 일본군'위안부' 피해 증언은 식민지 시기와 냉전 시기의 억압적 젠더 정치에 대한 문제 제기이기도 하기 때문이다. 일본군'위안부' 여성들의 증언 속에서 해방 이후에 미군 기지와 미군 '위안부' 경험, 또는 미군 관계 업소에서의 경험도 어렵지 않게 찾을 수 있다. 식민과 냉전의 역사를 지나는 동안 가해 주체의 이름만 바뀐 채 여성에게는 일본군'위안부', 한국군'위안부', 미군'위안부'라는 젠더 폭력이 계속되어 왔기 때문이다.

2022년 9월 29일에 미군'위안부'에 대한 국가 배상 책임을 져야 한다는 대법원의 판결이 나왔다. 대한민국이 기지촌의 조성·관리·운영, 조직적·폭력적 성병 관리, 성매매 정당화·조장 등의 행위를 함으로써 불법 행위를 했다며 국가 배상을 청구[4]한 데 대한 판결이다. 냉전 시기 국가의 조력 없이 미군'위안부'에 대한 성 관리가 불가능했음은 자명한 사실이다. 결국 대법원의 판결은 냉전 시스템 속에서 자행된 국가의 젠더 폭력을 인정하는 사례이기도 하다.

미군'위안부' 피해에 대한 국가의 책임이 인정된 만큼 역사 기록에서 사라졌던 미군'위안부'와 기지촌 여성들에 대한 역사가 속속 반환되고 있는 미군 기지의 역사관 속에 기록되어야 하는 것은 당연한 요청이라고도 할 수 있다. 더 나아가 냉전과 동아시아의 미군 주둔이 동아시아의 여성들에게 어떤 고통을 가져왔는지에 대해서 기록해야 하는 곳이 바로 반환된 미군 기지들 속 역사관이 해야 할 일이기도 하다. 국가의 사과, 재발 방지를 위한 노력, 역사 교육에의 반영 역시 냉전 시기 여성들의 역사 기록과 관련하여 반드시 필요한 작업들이다. 냉전 시기 여성에 대한 성차별과 폭력이 국가 시스템으로 존재하고 있었음을 보여 주는 것이기도 하기 때문이다. 물론 냉전 시기 동아시아의 미군 기지 배치가 국가의 방위 조약과 함께 이루어지고, 그에 따라 기지촌이 존재해 온 것을 생각하면, 미국과 미군의 책임을 피할 수 없을 것이다. 이것이 미국과 미군에 대한 책임 요구로 나아가야 함은 말할 것도 없다.

한편, 미군의 오랜 주둔과 함께 오키나와에서는 미군에 의한 성폭력 사건이 반복되어 왔다. 오랫동안 계속되고 있는 오키나와의 미군 기지 반대 투쟁은 이러한 젠더 폭력의 역사와도 이어져 있다. 냉전의 젠더화된 역사를 이해한다는 것은 군대와 기지촌의 역사 그리고 전쟁과 성폭력에 가담하는 시스템의 역사를 이해하는 일이기도 하다. 때문에 오키나와에서는 아시아 태평양 전쟁 시기에 일본군이 주둔했을 때 일어났던 성적 폭력의 시스템인 일본군'위안부' 제도와 A사인바의 역사, 그리고 지금도 일어나고 있는 미군에 의한 성폭력을 기록하고 기억하는 활동이 함께 이루어지고 있다.[5] 이는 군대와 전쟁이 없는 평화에 대한 염원에 다름 아니다.

그러나 동아시아는 지금 대중국 대북한을 염두에 둔 미군의 배치와 한미일 군사동맹이 강화되고 있는 신냉전 시기에 들어섰다. 일본에서는 대북한 대중국에 대한 군사적 압박과 방위를 강화한다는 명목으로 오키나와에 자위대 배치를 늘리고 있는 상황이다. 군대를 보유할 수 없다는 **'평화 헌법'**⑫이 무색하게 이미 세계적 수준의 군대인 자위대가 오키나와의 주변의 여러 섬에 배치되고 있다.

오키나와보다 더 남쪽에 있는 미야코지마는 아시아 태평양 전쟁 당시에 일본군 위안소가 있었던 곳인데, 이곳에도 중국을 겨냥한 미사일 기지가 건설되었다. 자위대가 미야코지마에 들어오면 자위대뿐 아니라 가족들도 함께 들어와 작은 섬의 경제가 좋아질 것이라는 낙관적인 시각을 가진 주민이 있는가 하면, 아시아 태평양 전쟁 시기 일본군이 미야코지마에 들어와서 일본군 위안소가 생기고 군대와 전쟁의 위협 속에 있었던 주민들의 역사를 기억하고 반대했던 사람들도 있다. 미야코지마에서 일어나고 있는 일은 냉전 시기에서부터 탈냉전, 그리고 신냉전이라는 지금까지의 역사에서 반복되어 오는 문제가 무엇인지를 응시하게 한다는 점에서 중요하다. 이는 냉전 시기 여성의 삶과 역사를 기억하고 기록한다는 것이 지금 당장의 삶, 기지가 건설되고 군대가 삶의 영역으로 들어오는 지금이 어떤 폭력의 상황에 도달해 있는지를 감각하는 것과 밀접하게 이어져 있음을 보여 준다.

이른바 '신냉전'이라는 이름 속에서 어떤 여성들이 사라지고 폭력 속에 있는지를 감각할 수 있는 것은 '냉전'의 젠더화된 역사를 폭로하여 다시 기록하고 기억하는 속에서 가능해질 것이다.

# 스팸, 냉전 식탁의 첨병

이시성

한국 문학 연구자(강사). 한국 전쟁과 냉전이라는 주제에 관심을 가지고 그 시대의 문학과 문화에 대한 연구를 진행하고 있다. 대표 저서로는 공저『사상계, 냉전 근대 한국의 지식장』(김려실 외, 역락, 2020)이 있다.

## 1. 스팸은 어떻게 한국인의 밥도둑이 되었는가

따끈한 김이 피어오르는 하얀 쌀밥 한 숟가락, 그 위에 어떤 반찬을 올리면 가장 만족스러운 한 끼가 될까. 간장게장, 김치, 장조림, 멸치볶음 등 찬 하나로도 밥 한 그릇을 축낸다는 '밥도둑'의 용의 선상에 오른 반찬은 다양하지만 나는 그중에서도 적당한 두께로 도톰하게 잘라 표면이 살짝 그을릴 정도로 구워 낸 스팸 한 조각을 택하고 싶다. 이 밥도둑의 활약상은 흰 쌀밥과의 조화에만 그치지 않는다. 김치와의 궁합도 좋아 김치찌개에 넣어도 되고, 잘게 깍둑썰기하여 찬밥과 함께 넣고 볶거나, 길게 썰어서 김밥의 속 재료로 써도 좋다. 하지만 스팸 하면 떠오르는 요리는 역시 부대찌개다. 진한 김치 양념 국물에 온갖 햄과 소시지, 다짐육, 그리고 베이크드 빈즈를 넣어 푹 삶고 마지막에 라면 사리까지 추가하면 근사한 한 끼가 완성되는데, 묵직한 풍미의 국물을 한 입 맛보고 나면 숟가락을 멈출 수 없게 된다.

스팸은 미국에서 탄생한 식재료이지만 이렇듯 한국의 식문화에 깊숙이 들어와 자리를 잡았는데, 특히 서민들에게는 부담스럽지 않은 가격으로 밥상에 이국적인 맛을 더할 수 있는 고마운 먹거리다. 한 가지 재미있는 사실은 우리는 스팸 하면 햄, 또는 햄 하면 스팸을 떠올리지만 엄밀히 말해 스팸은 햄이 아니다. '햄(Ham)',

유럽 나라들에서는 '하몽', '잠봉', '프로슈토' 등으로도 불리는 이 음식은 원래 돼지의 뒷다릿살을 통째로 소금에 절인 후 훈연하여 건조한 것을 이른다. 그러므로 원재료도, 가공법도 다른 스팸은 햄이라 할 수 없다. 스팸의 뒤편 라벨에 식품 유형이 '햄'이 아닌 '프레스 햄'으로 표기된 것은 이 때문이다. 애초에 스팸은 저렴하게 햄의 맛을 즐기기 위해 햄을 만들고 남은 부위를 활용한 일종의 발명품으로, 이런 이유로 정작 고향인 미국에서는 '정크 미트(junk meat)'라는 오명을 얻기도 했다. 하지만 본래의 햄을 맛보기는커녕 직접 볼 일도 거의 없었던 과거 한국 사람들에게는 스팸이 훌륭하게 햄의 대체재 역할을 해 주었고, 덕분에 우리에게만큼은 스팸은 햄으로 통용되고 있다.

이처럼 스팸은 한국 시장에서 적어도 햄이라는 카테고리 안에서만큼은 독보적인 지위를 차지하며 매일 먹어도 질리지 않을 밥반찬으로, 이제는 한식으로도 꼽히는 부대찌개의 주재료로, 심지어 명절 선물로까지 활용되며 그야말로 우리의 일상에서 빼놓을 수 없는 존재가 되었다. 하지만 1937년 미국에서 처음 개발된 이 통조림 햄이 우리의 일상 속으로 들어오기까지는 무척이나 비일상적인 시간과 사건들이 있었다.

## 2. 총탄과 함께한 영광의 시대

이제는 시대를 초월해 고전의 반열에 오른 만화 <슬램덩크>에서 강백호는 감독을 향해 이렇게 말한다. "영감님의 영광의 시대는 언제였죠? 국가 대표였을 때였나요? 난…… 난 지금입니다!" 강백호에게 그날의 시합이 그러했듯 누구에게나 자신만의 영광의 시대가 있기 마련이다. 비단 사람만이 아니라 상품에게도 영광의 시대는 있다. 다만 우리의 전성기는 대단한 것이 아닐지라도 추억은 될 수 있지만, 팔려야 하는 숙명에 놓인 상품에게 영광의 시대는 존망과 직결되는 문제이다. 그런 의미에서 스팸이 저렴하고 맛 좋은 식재료 중 하나로 그치지 않고 2023년 현재 기준 전 세계 누적 90억 캔 이상의 판매량을 자랑하는 초히트 상품이자, 나아가 파란 바탕에 노란 글씨의 디자인이 특징인 하나의 문화적 아이콘으로 등극하기까지는 화려하고 찬란했던 영광의 시대가 있었다. 본격적으로 그 역사를 되짚어 보기 전에 한 가지 알아둘 것은 스팸의 영광의 순간에는 늘 전쟁과 군대가 함께했다는 사실이다.

거창하게 시작했지만 스팸의 탄생이 두 차례의 세계 대전과 깊은 연관이 있다는 것은 이미 널리 알려진 사실이다. 스팸의 제조사인 호멜(Hormel)은 1910년 미국 미네소타에서 중간 규모의 정육업체로 사업을 시작했다. 이 사업을 크게 키운 것은 설립자인 조지 호멜의 아들 제이 호멜이었다. 제1차 세계 대전 당시 프랑스에서 의복과 식량 등 군수 물자의 보급을 담당하는 병참 장교로 근무했던 그는 전장의 병사들에게 단백질을 제공할 수 있는 육류의 공급이 전쟁의 승리를 위해 무척 중요함에도 무게가 무거워 이동이 힘들고 빠르게 부패하여 보관이 어렵다는 이유로 공급이 원활하지 못한 현실적 난관에 직면했었다. 이후 전쟁에서 돌아온 그가 아버지의 사업을 돕다가 본격적으로 사장에 취임한 후 만들어 낸 신제품이 바로 그런 문제들을 해결한 스팸이었다.

스팸의 장점은 육류를 통조림 형태로 만들어 보관과 이동이 쉽다는 데서 끝나지 않는다. 앞서 말했듯이 원래 햄은 돼지의 뒷다릿살로 만드는 것인데, 그러다 보니 소비자의 선호가 떨어지는 다른 부위들 특히 고깃덩어리의 크기가 작은 어깻살은 남아돌기 일쑤였다. 호멜 사는 이 어깻살과 넓적다리의 일부, 그리고 각종 첨가물을 섞어 햄과 비슷한 맛을 내고 변색을 막기 위해 아질산나트륨을 넣어 오늘날 우리가 즐기는 분홍빛의 물질을 만들어 냈다. 처음 세상에 나온 1937년에는 호멜 스파이스드 햄(Hormel Spiced Ham)이라는 이름으로 불리다가, 100달러의 상금을 건 공모에서 배우이자 호멜 사 부사장의 동생인 케니스 데이누가 스팸(SPAM)이라는 좀 더 직관적인 이름을 붙여 주어 지금에 이르게 되었다.

이렇게 세상에 나온 스팸이 본격적으로 영광의 시대를 누릴 수 있었던 것은 제2차 세계 대전의 발발 덕분이었다. 스팸은 일단 값이 싸고, 캔에 들어 있어 운반이 편리했으며, 몇 년간 보관해도 괜찮을 정도로 보존 기간이 길고 별다른 조리 없이도 먹을 수 있었다. 이런 장점을 가진 상품이 가장 빛을 발할 수 있는 곳은 전쟁터였고, 스팸은 미국의 전시 식량으로 선택되었다. 호멜 사는 스팸을 미군의 군수품으로 납품했고, 미군뿐만 아니라 보급에 어려움을 겪던 연합국의 여러 나라도 그 수혜를 입었다.

그중 대표적인 것이 영국으로 독일의 U-보트가 영국으로 통하는 해상 운송로를 봉쇄하고 영국으로 향하는 수송선을 무차별적으로 격침하자 영국은 심각한 식량난에 빠져들었다. 그 결과 영국에서는 전쟁이 터진 지 약 4개월 만인 1940년 1월 8일부터 배급제가 시작되었고, 전후에도 산업의 복구가 더뎌 배급제는 전쟁이 끝나고서도 한참 지난 1954년이 되어서야 완전히 해제되었다. 배급제라 하니 낯선 듯하지만 불과 얼마 전 코로나19의 유행으로 마스크를 사기 위해 출생 연도에 맞춰 약국으로 달려갔던 일을 떠올려 보자. 아픈 다리를 두드려 가며 오랜 시간 줄을 서도 고작 한두 개의 마스크를 얻을 뿐이어서 하나를 가지고 며칠을 써야 할지 세어 보던 때를 기억한다면 배급제가 시행되던 영국 국민의 궁핍함을 짐작은 할 수 있지 않을까. 그런데 이때 배급제의 구애를 받지 않고 구할 수 있었던 것이 바로 미국의 **원조 물자**로 무한정 공급되던 스팸이었다. 훗날 전쟁이 끝난 뒤 마거릿 대처가 스팸을 두고 "전시 진미(wartime delicacy)"라고 평하며 감사를 표했던 데는 이런 배경이 있었다.

그러나 어떠한 산해진미라도 똑같은 것을 매끼 먹으면 물리기 마련이다. 하물며 스팸은 햄의 맛을 흉내 냈다곤 해도 햄보다 훨씬 품질이 떨어지고, 단가를 낮추면서 맛을 내기 위해 돼지 지방과 각종 첨가제를 넣어 자극적이고 느끼해 질리기 쉬운 음식이었다. 1970년대 초 BBC에서 방영되던 인기 TV 시리즈 〈몬티 파이슨(Monty Python)의 코미디〉에 스팸과 관련된 에피소드가 나온 것은 이 때문이다. 그 에피소드에서 한 카페에 방문한 손님이 음식을 주문하려 하는데 거의 모든 메뉴에 스팸이 들어 있다. 달걀과 스팸, 베이컨과 스팸, 소시지와 스팸… 이런 식이다. 듣기만 해도 질리는 메뉴의 나열에 손님이 절망에 빠지자 코러스가 등장하여 "스팸, 스팸, 스팸"이라는 가사의 노래를 합창한다. 이후로 스팸이 '쓸모없이 넘쳐나는 물건'을 의미하는 은어로 쓰이기 시작하여 오늘날 우리가 '스팸 메일(spam mail)'이라 부르는 것의 기원이 되었다는 설이 있다.

## 3. 전장에서 가정으로, 전시 식량이 미국의 상징이 되기까지

1945년 제2차 세계 대전이 끝났다. 세계는 평화의 시대를 맞이하여 일상으로 돌아가는 듯 보였으나 스팸 생산량의 90%를 미국 군대와 연합국에 공급하던 호멜 사의 입장에서는 진정한 비상 상황의 시작이었다. 민간을 대상으로 한 내수 시장 개척의 필요성이 대두하자 호멜 사는 자신들을 '애국 기업'으로 새롭게 브랜딩하기로 한다. 그 결과물이 1946년 여성 참전 군인들을 모집하여 결성한 밀리터리 스타일의 밴드 '호멜 걸즈(Hormel Girls)'[1]로 애국주의 마케팅과 쇼 비즈니스를 결합한 것이었다.

호멜 사는 이미 1930년대부터 여성 밴드의 순회공연을 통해 신제품을 홍보하는 마케팅 전략을 쓰고 있었는데, 호멜 걸즈는 참전 군인으로 구성했다는 점이 특징이었다. 마침 전쟁 중 통·번역가, 타이피스트, 조종사 등으로 활약했지만 전쟁이 끝나면서 일자리를 잃은 미국 여성들에게도 좋은 기회였다. 최초 48명으로 급하게 결성된 이들은 속성으로 훈련을 마치고 뉴욕에서 열린 제29회 미국 재향군인회 전국 드럼 및 나팔 군단 챔피언십에서 첫 데뷔 무대를 가졌다. 대회 역사상 전원 여성으로 구성된 최초의 팀이었던 이들은 저조한 성적에도 불구하고 언론의 열렬한 관심을 받았고, 덕분에 이들의 광고 효과를 확신한 호멜 사는 호멜 걸즈를 내세워 퍼레이드 행진을 하거나 가정 방문을 하며 호멜 사의 제품을 홍보, 판매하게 했다. 호멜 걸즈가 마을에 들어설 때 35대의 흰색 쉐보레 차량에 나눠 타고 경찰의 에스코트를 받으며 행진을 했다곤 하는데, 이 장관은 호멜 걸즈의 흥행을 상징하는 장면이라 할 수 있을 것이다.

호멜 걸즈는 할리우드 공중파까지 진출했다. 1948년 3월 20일 라디오 쇼 〈호멜 걸즈와 함께 음악을(Music with the Hormel Girls show)〉의 첫 방송이 LA에 위치한 민간 라디오 방송국 KHJ의 전파를 타고 송출되었다. 호멜 걸즈는 방송에서 빅 밴드 음악을 선보이면서 중간중간 호멜 사의 '칠리와 햄이 최고'라는 광고를 끼워 넣었다. 방송은 인기를 끌었고, 1953년에는 연간 라디오 방송 순위에서 4위를 기록할 정도를 영향력을 가졌었다.

호멜 걸즈가 주력으로 내세우고, 또 판매하고자 했던 상품이 바로 스팸이다. 이들에게 정해진 판매 할당량은 없었지만 상품 판매 실적이 좋으면 주당 최고 25달러까지 보너스가 주어졌다. 이를 계산하기 위한 점수제가 있었는데 다른 제품들보다 스팸의 점수가 높아 다들 스팸을 팔고 싶어 했다고 한다. 한편, 많은 미국인은 제2차 세계 대전 당시 스팸의 활약을 기억하고 있었다. 때문에 그들도 스팸을 구입함으로써 '영웅적인 스팸(the heroic SPAM)'의 기여에 보답하고자 했다.

물론 호멜 걸즈를 '스페메타(the Spamettes)'라 부르며 놀리는 이들도 없지 않았다. 'Spam'과 명사의 여성형 접미사인 '-ette'가 결합된 이 말을 '스팸순이' 정도로 번역할 수 있을까. 분명한 조롱의 의미를 담은 멸칭이었다. 애초에 참전 용사로서 직업적 역할을 훌륭하게 수행했던 이들을 더 이목을 끌 수 있다는 이유로 '소녀들(girls)'로 명명한 것 자체가 부적절했을지도 모른다. 실제로 이들은 편향된 인종적·젠더적 이미지를 수행하길 요구받았는데, 그 일례로 이들에게 결혼과 임신은 곧 해고를 의미했다. 30세 이하의 젊은 백인 여성이 이들이 보여 줘야 할 호멜 걸즈의 이상적인 모습이었던 것이다.

이런 문제들이 있었으나 호멜 걸즈의 멤버들은 직업적 책임감과 긍지를 가지고 있었고, 또 무엇보다 그들은 악기 연주와 공연을 즐겼다. 하지만 이들의 활동기는 그리 길지 않았다. 호멜 걸즈를 운영하는 데는 큰 비용이 들었는데, 텔레비전의 보급이 본격적으로 이루어지자 TV 광고가 더 효과적이라는 계산이 나왔다. 그리하여 호멜 걸즈는 1953년 12월 13일 마지막 공연을 끝으로 해산되었다. 비록 호멜 걸즈는 반짝스타로 떠올랐다가 매체의 발전과 함께 사라졌지만 이들의 활동기 동안 호멜 사의 실적이 두 배로 뛰었고, 무엇보다 필수적인 식재료 정도로 여겨지던 스팸이 명실공히 '미국의 상징(classic Americana)'으로 자리매김하게 되었다. 호멜 사의 애국주의 마케팅이 성공한 것이다.

호멜 걸즈가 지나간 전쟁의 기억을 상기시킴으로써 스팸이 미국인들의 일상에 자리 잡을 수 있게 했다면 당시 조용하게 진행 중이던 전쟁, 즉 냉전은 또 다른 방식으로 스팸이 미국의 가정으로 파고들 길을 마련해 주었는데 그런 계기 중 하나는 핵전쟁의 위기감이었다. 단 두 발로 제2차 세계 대전을 끝내 버린 원자 폭탄의 위력과 그에 대한 공포가 전 세계를 휘감던 시기였다. 원자 폭탄을 개발, 보유하고 있던 미국은 냉전의 위기가 고조되던 와중에도 기술적 우위를 확신하며 낙관했지만 1949년 소련이 원자 폭탄 개발에 성공하자 상황이 변했다. 소련의 핵 공격에 대한 위기감이 서서히 고조되었고, 미국인들의 일상을 잠식하기 시작했다.

이런 상황에서 소련의 핵 공격에 대한 대비책으로 고안되었던 것이 바로 **낙진 대피소**(fallout shelter)[20]이다. 낙진 대피소란 치명적인 핵 공격에도 불구하고 미국 인구의 대부분이 살아남을 수 있다는 낙관적 가정에 근거하여, 이후의 생존을 도모하기 위해 고안된 시설이다. 원자 폭탄의 진정한 위력이 널리 알려진 오늘날의 관점에서 보면 헛된 희망에 불과하지만 그 당시 미국인들에게는 대피소의 존재 자체가 심리적 위안을 제공했던 듯 보인다. 때문에 여력이 있는 가정들은 앞다투어 지하실이나 뒷마당에 낙진 대피소를 만들었는데, 일단 대피소에 들어가 살아남더라도 먹고 마시며 견디는 것은 또 다른 문제였다.

1955년 아이젠하워 대통령이 모든 국민에게 비상사태를 대비하여 최소한 7일분의 식량과 물을 준비해 둘 것을 촉구한 데는 이러한 배경이 있다. 이때 이들이 비상사태의 와중에도 국민을 안심시키고자 하는 프로파간다의 목적으로 내건 슬로건은 "할머니의 식료품 저장실(grandma's pantry)"로, 언제나 어떠한 사태에도 대비하고 있는 할머니의 친숙한 이미지를 활용한 것이다. 이렇게 스팸은 다시 미국인의 식탁, 아니 미국인의 대피소에 등장한다. 하와이안 펀치, 캠벨 수프, 주스 팩, 캔디 바, 켈로그 콘플레이크 등과 함께 스팸으로 대표되는 **런천미트**♡ 종류의 육가공품 통조림은 낙진 대피소에서 빠져서는 안 되는 품목이었다(사진 1 참조). 제2차 세계 대전 당시 저렴하고, 보관이 편리하고, 조리 없이 먹을 수 있다는 장점으로 전시 식량이 되었던 스팸은 이제 같은 이유로 '최후의 식사(doomsday diet)'가 되었다.

스팸의 역사에서 전성기라 할 수 있었던 제2차 세계 대전 당시의 활약이 워낙 강렬했던 탓인지 전쟁이 끝나고 냉전기에 접어든 미국에서 스팸이 어떤 식으로 소비되었는지에 대해서는 별로 주목하지 않는 경우가 많다. 하지만 호멜 걸즈와 낙진 대피소의 사례는 제2차 세계 대전 종식 이후에도 스팸이 전쟁과 무관하지 않았으며 오히려 냉전의 위기와 공존하며 미국인들의 가정에

사진 1 낙진 대피소에서 필요한 물품들의 목록을 소개하는 여성의 사진. 탁자 왼쪽 앞줄에 스팸 캔이 보인다. (The National Archives)

서 자리를 잡았음을 보여 준다.

## 4. 스팸으로 연결되는 미국 신식민주의의 고리

애국주의 마케팅에도 불구하고 '맛'과 '품질' 면에서의 태생적 한계 때문에 스팸은 미국인들이 가장 선호하는 식재료는 아니었다. 소득 수준이 높지 않은 서민들에겐 괜찮은 선택지였을지 모르나 조금이라도 여유가 있는 계층은 신선한 육류나 진짜 햄을 택했다. '미국의 상징'이라는 영광스러운 타이틀의 이면에는 '정크 미트'라는 오명이 있었다. 그런 스팸에게 제2의 영광의 시대를 선사한 재기의 무대는 예상치 못한 곳에서 마련되었다. 미군이 진주해 있던 태평양 제도와 아시아 국가들에서 스팸이 새롭게 '미국의 상징'으로 부상한 것이다.

제2차 세계 대전이 끝나자 미군은 과거 제국주의 시대의 서구 열강 또는 제2차 세계 대전 추축국[39]들의 지배를 받았던 피식민 국가들로 진주하여 보호라는 이름으로 점령을 시행한다. 이 국가들은 역설적이게도 주권의 일부 포기해야 하는 미군의 주둔을 허용함으로써 미국식 자유주의와 민주주의를 받아들일 수 있었다. 하지만 자유나 민주주의보다 더 확실히 이들의 마음을 빼

앗은 것은 바로 스팸이었다. 미군에게 군수 물자로 보급된 스팸이 다양한 방식으로 기지 주변의 민간인들에게로 흘러 들어갔다. 오랜 식민 지배로 저개발 상태에 있었던 데다가, 전쟁을 겪고 피폐해진 상황에서 스팸은 훌륭한 영양 공급원이었을 뿐만 아니라 평소에 맛보기 힘든 별미이기도 했다.

그 결과 지금까지도 스팸이 가장 큰 인기를 누리고, 또 높은 판매량을 기록하는 것은 이들 태평양 제도와 아시아 국가들이다. 필리핀, 홍콩, 대만 등 여러 나라가 있지만 이 장에서는 특별히 오키나와에 주목해 보려고 한다. 오키나와는 일본의 일부이지만 역사와 문화의 측면에서는 일본 본토와는 다른 점이 많은데, 스팸이 식생활의 큰 부분을 차지하는 식문화도 그중 하나이다. 오키나와에서 본격적으로 스팸을 먹기 시작한 것은 미군 점령이 시작된 이후부터이지만 원래도 오키나와는 일본 본토와 달리 돼지고기를 많이 먹는 식문화였다. 그런데 종전 후 피해가 큰 상황에서 미군과 함께 스팸이 들어오자 값싸고 편리하게 조리 가능한 스팸이 돼지고기를 대체하게 되었고, **샌프란시스코 강화 조약**[♡] 체결로 일찍이 미군 점령 상태를 벗어났던 일본 본토와 달리 1972년 5월까지 미군 점령하에 있었던 오키나와는 훨씬 더 오랜 기간 점령 당국의 영향을 받을 수밖에 없었다.

그런데 오키나와에서의 스팸의 대중화는 결코 자연스럽게

이루어진 것은 아니었다. 미군정은 오키나와를 미국의 동아시아 정책의 전략 기지로 만들고자 하는 목적에 따라, 1950년 미국의 해외 냉전 전략의 특징을 구성하는 과학과 기술 교육 촉진을 위해 류큐대학을 설립했다. 그중에서도 특히 가정경제학(Home economics) 학과는 오키나와 여성들을 미국식 가정경제학에 따라 교육하여 그 지식과 실천을 일본과 오키나와 사회로 전파하기 위한 젠더화된 장소였다. 이에 따라 가정경제학과 교수와 학생들은 미국, 특히 미시간주립대학에서의 연수 또는 유학의 기회를 가졌는데, 그중에서도 학과장이었던 오나가 키미요는 오키나와가 현재와 같은 식문화를 갖게 되는 데 결정적으로 기여한 인물이다.

그녀는 대학에서는 물론이고, 제대로 된 교육 기관이 없는 낙후 지역으로까지 직접 발로 뛰며 오키나와 여성들에게 미국식 가정 관리 방법을 교육했는데 그중 런천미트를 포함한 외국 식자재로 요리하는 방법은 교육 내용의 중요한 일부였다. 헌신적이면서도 열정적인 교육의 노력 덕분에 "오키나와 여성들의 어머니"라는 칭호까지 얻게 된 오나가 키미요는 사실 1945년 이전에는 식민지 조선에서 일본 여학생들을 대상으로 가정경제학을 가르치며 일본 제국의 확장에 공헌했던 인물이기도 하다. 일본 제국이 패망했음에도 그녀는 일본과 식민지 조선, 그리고 새로운 제국으로 등장한 미국과 그에 의해 식민화된 오키나와를 넘나들며

사진 2 1971년 류큐 미국 문화 센터에서 열린 아메리카 푸드 페어에서 오나가 키미요 여사가 고등판무관의 부인인 James B. Lampert 여사와 이야기를 나누고 있다. (沖縄県公文書館)

제국적 확장 정책의 첨병 역할을 성실하게 수행해 온 것이다.[3]

그 덕분에 구운 스팸과 스크램블드에그를 흰 쌀밥과 함께 먹는 '포크 타마고'와 같은 오키나와식 스팸 요리가 등장했고, 그 외에도 원래는 돼지고기를 여주, 두부 등과 함께 볶은 '참푸루'에 스팸을 대신 넣고 볶은 '스팸 참푸루' 등 스팸이 돼지고기를 대체하는 음식도 많다. 현재까지도 일본에 수입되는 런천미트의 90퍼센트가 오키나와에서 소비된다고 하는데, 오키나와에서의 성공에 고무되었던 것인지 호멜 사는 1971년에 본사에서 발간한 뉴스레터에 "오키나와의 호멜(Hormel in Okinawa)"이라는 제목의 글을 싣기도 했다. 이 글은 오키나와를 질서 있는 노동력이 풍부하게 제공되고 협력적인 비즈니스 리더십이 가능할, 호멜 사의 탐색과 확장을 위한 개척지로 표현한다. 정복이 아닌 협력으로 포장되어 있지만 호멜 사가 표방하는 벤처 정신은 미국의 확장주의 정서를 그대로 반영한 것이었다.[4]

오키나와와는 그 양상이 다르지만 한국 역시 냉전기 미국의 확장주의에 따른 스팸의 전파와 확산 경로의 한 지류에 해당한다. 한국의 대표적인 스팸 요리인 부대찌개는 그 이름에서부터 발생 연원을 짐작하게 한다. 부대찌개는 미군 기지에서 흘러나온 보급품인 스팸과 소시지, 베이크드 빈즈 등의 통조림을 김치 양념 국물에 넣어 푹 끓여낸 음식이다. 미군이 먹다 버려 잇자국이 남아 있는 재료까지 넣고 끓여 궁핍한 시절을 이겨낼 수 있게 했던 '꿀꿀이죽' 또는 'UN탕'의 발전된 형태라는 설도 있지만, 햄이나 소시지 같은 재료를 PX에서 직접 빼 오거나 '양키 시장'이나 '미제 아줌마'에게서 사는 건 중산층 이상만 가능한 일이었으므로 애초에 기원이 다른 음식이라는 주장도 있다.[5]

부대찌개를 처음으로 상업적으로 판 덕분에 '원조집'으로 알려진 의정부 오뎅식당의 경우 1960년에 포장마차로 장사를 시작했다. 당시 돈 대신 햄과 소시지 통조림으로 음식값을 지불하는 사람들이 있어 그것을 메뉴로 만들어 판 것이 시초라 하며 원래는 찌개가 아닌 볶음 요리였다고 한다. 또한, 현재 우리가 먹는 부대찌개에는 라면 사리가 필수적으로 들어가는데 라면은 우리나라에서 1963년부터 생산되기 시작했고 국산 햄과 소시지 또한 1980년대부터 만들어졌음을 고려하면 부대찌개가 현재의 형태를 갖추어 대중적으로 향유되기 시작한 것은 적어도 1980년대 이후부터라고 볼 수 있다. 미군 부대에 그 기원이 있는 것은 맞으나 전쟁 이후 곤궁했던 서민들의 배를 채워 줬던 음식이라는 이야기는 약간의 양념이 가미된 것이 아닐까 싶다.

다만 최근 한국 문화가 세계적으로 널리 인기를 끌면서 부대찌개는 'Army Stew'라는 이름으로 수출되어 스팸이 공인한 레시피 목록에 이름을 올리는가 하면, 미국인들이 직접 끓여 먹고 그 반응을 담은 유튜브 콘텐츠도 종종 보인다. 한국 문화의 영향력을 실감하게 하는 장면이기도 하지만, 미국에서는 정크 푸드로 여겨지는 스팸이 어떻게 한국에서는 중요한 식재료로, 그리고 심지어는 명절 선물로까지 신분이 상승했는지를 설명하는 장면을 보고 있자면 부대찌개와 한국의 현대사가 미국의 영광의 시대를 증명하기 위한 소재가 된 것 같아 씁쓸한 입맛이 감돌기도 한다.

## 5. 제2의 스팸은 탄생하지 않길 바라며

전쟁은 크게 두 가지 경로로 식문화의 발전을 가져온다. 첫째로 전쟁은 본질적으로 인간과 인간, 공동체와 공동체, 그리고 문화와 문화의 마주침이기 때문에 이질적인 것들의 충돌은 새로운 어떤 것을 만들어 내기 마련이다. 다음으로, 전쟁을 수행하기 위해 기술적인 발달이 이루어짐에 따라 이것이 결과적으로 식문화의 변화를 가져온다. 스팸은 후자의 이유로 탄생했다. 제1차 세계 대전이 알려 준 보급의 중요성이 기술의 발전에 힘입어 통조림 햄이라는 상품을 만들어 냈고, 제2차 세계 대전을 통해 그 필요성과 가치를 입증해 냈다. 전쟁이 끝나고도 두 차례의 전쟁을 겪으며 덧씌워진 애국적 이미지와 냉전기 동안 고조된 핵전쟁의 위기감은 스팸이 또 다른 판로를 개척하도록 해 주었다. 또한, 미국의 군사적 팽창과 함께 스팸은 전 세계로 퍼져나갔고 이로 인해 발생한 마주침들은 새로운 음식들을 탄생시켜 우리의 식탁을 풍성하게 만들어 주었다.

1990년대 이후로 호멜 사는 전국적 요리 대회를 개최하여 스팸의 다양한 요리법을 제시하고, 나아가 호멜 사의 고향인 미네소타 오스틴에 스팸 박물관을 세웠다. 박물관에 들어서면 미군의 군수 물자로 제공되었던 스팸의 역사로부터 시작하여 한국과 일본, 중국, 영국, 하와이, 필리핀 등 세계 각국에서 스팸을 어떻게 먹고 있는지를 보여 주는 전시관으로 이어지고 마지막에는 파란 바탕에 노란 글씨가 쓰인 디자인을 활용한 각종 상품을 살 수 있는 기념품 가게에 도착하게 된다. 박물관의 이와 같은 전시 공간 구성은 표면적으로는 미국 주도의 평화와 균형이 지켜지기 시작한 이래 전시 식량, 또는 원조 물자의 이미지를 벗고 문화적 아이콘으로의 변신을 꾀한 스팸의 궤적을 잘 보여 준다.

스팸과 완전히 같지는 않지만 우리에게도 군대와 통조림에 대한 흥미로운 일화가 있다. 베트남 전쟁이 발발하자 한국 정부는 미국의 요청에 따라 한국군을 파병했다. 미군이 가는 곳엔 늘 따르는 스팸도 이곳에도 함께 했고, 그 외에도 여러 미군 식량이 한국군에게도 제공되었다. 구하기 힘든 스팸이 평소라면 별미였

겠으나, 그곳에선 희소성이 없었으며 무엇보다 낯선 환경에서 향수병을 앓던 한국군이 진정으로 원했던 것은 스팸이 아닌 김치였다. 때문에 한국군 지휘부는 미군에게 김치를 요구했고, 미군은 하와이에 있던 일본인 공장에서 만든 김치를 가져다주었으나 한국 사람들의 입맛에 맞지 않았다. 이에 다시 한번 한국군 지휘부는 한국산 김치를 요청했고, 우여곡절 끝에 1969년 가을 한국산 김치가 통조림 형태로 베트남에 보급되었다. 한국군은 이를 'K-레이션'이라 불렀다고 한다.[6]

김치 통조림은 육군과 대학식품연구소와 식품업체가 공동연구를 진행하여 만들어 낸 성과로 이를 계기로 국내 23개 통조림 공장을 모체로 한 대한종합식품주식회사가 설립되었고, 한국식문화의 기술적 개발과 발전이 이루어졌다. 물론 이 김치 통조림은 전 세계로 뻗어 나가지 못했다. 한국에는 미국과 같은 맹위를 떨칠 힘이 없었기 때문이다. 그런데 김치를 보존식으로 만들고자 하는 연구는 이후로도 이어져 2008년 김치를 우주식으로 만드는 데 성공했다. 발효 식품인 김치는 맛의 변질 없이 오래 보관하거나 장거리 이동에는 적합하지 않았는데, 발효가 끝난 김치에 방사선을 쏘아 박테리아를 죽이는 방식으로 김치를 우주에서도 먹을 수 있도록 만든 것이다. 이 흥미로운 소식에 어쩌면 김치가 스팸이 그러했듯 우주 개발의 첨병이 될 수도 있지 않을까

라는 다소 엉뚱한 생각이 떠오르기도 했지만, 더 이상의 전쟁도 정복도 필요치 않으니 역시 김치는 그저 맛있는 반찬으로만 남는 편이 좋겠다.

미주

미주

# 미주

## 한국의 맥아더 신화는 어떻게 만들어졌을까?

1 검찰은 진보당의 정강이 국가 반공법에 위반된다며 조봉암을 기소했고 그는 결국 1959년에 교수형에 처해졌다. 전시도 아닌 평상시에 일어난 대한민국 최초의 사법 살인이었다.

2 「맥장군동상건립 국무회의서 의결」, 〈동아일보〉, 1957.4.24, 3면.

3 「더글라스맥아더장군상」, 한국민족문화대백과사전, http://encykorea.aks.ac.kr/Contents/Item/E0074145.

4 「누구는 '반미 데모'라더만… 맥 장군 동상에 화환」, 〈조선일보〉, 1960.4.27, 3면.

5 「죽기 전에 통일 보고 싶다. 맥장군 박의장과 회담후 언명」, 〈동아일보〉, 1961.11.20, 1면.

6 2차 대전 중 일본군의 침공으로 후퇴한 미군이 필리핀을 탈환한 것을 기념하기 위해 1944년에 세워진 동상이었다. 미군은 한국인들에게 해방군으로 받아들여졌으나 미국의 식민 지배를 받았던 필리핀인들에게는 일본군과 마찬가지로 미군도 제국주의 군대였다는 서로 다른 맥락이 있다.

7 「자유공원 맥아더 동상 딴 곳으로 옮겼으면」, 〈한겨레〉, 1999.10.4, 13면.

8 개봉 당시 〈인천상륙작전〉은 영화의 완성도 면에서 보수, 진보를 가릴 것 없이 평단의 혹평을 받았으나 보수 정치가, 언론인, 네티즌들은 영화에 대한 비판적인 견해를 좌파 이념으로 매도하고 시대착오적인 애국주의와 영웅주의를 옹호했다. 당시 보수 여당이었던 새누리당 당원의 자녀들이 출연한 이 영화를 당 지도부가 단체 관람하는 등 CJ가 배급한 이 블록버스터는 애국 마케팅을 통해 흥행에 성공했다. 이 글의 독자들은 시간적 거리를 확보한 객관적 관점에서 맥아더 역을 맡은 리암 니슨의 연기를 평가해 보기 바란다. 그는 자아도취적인 면이 있는 영웅 캐릭터를 어떻게 연기해야 할지 모르는 것 같다. 〈쉰들러 리스트〉의 대배

우를 이렇게 써먹은 것도 감독의 역량 부족이 아닐 수 없다. 〈뉴욕타임즈〉의 영화 리뷰에서 대니얼 M. 골드는 이렇게 풍자했다. "딱딱한 대화는 리암 니슨에게 옥수숫대 파이프와 의문을 가지고 감히 그를 비난한 부하들을 물어뜯는 것 이상의 일은 거의 주지 않는다." Daniel M. Gold, "Review: 'Operation Chromite' Revisits a Korean War Invasion," The New York Times, https://www.nytimes.com/2016/08/12/movies/operation-chromite-review.html, Aug. 11, 2016.

9 「인천상륙작전 기념행사 놓고 지역 정가-시민사회 충돌」, 〈노컷뉴스〉, 2022.12.11. https://www.nocutnews.co.kr/news/5862759.

**냉전의 괴수들**

---



1 조너선 갓셜, 노승영 옮김, 『스토리텔링 애니멀』, 민음사, 2014 참조.

2 이영재, 「1950년대 미국과 일본의 괴수영화와 핵」, 『사이』 25, 국제한국문학문화학회, 2018 참조.

3 함충범, 「1960년대 한국 SF 괴수영화와 동북아시아 영화 교류·관계의 양상」, 『현대영화연구』 37, 한양대 현대영화연구소, 2019, 52쪽.

4 이것이 미국의 캐슬브라보 수소 폭탄 실험으로, 1954년 3월 1일에 비키니섬에서 실시되었다. 이때 발사된 폭탄은 미국의 핵폭탄 중 가장 강력해, 섬 인근의 많은 사람이 죽고 다치는 참사가 벌어졌다.

5 송효정, 「한국 소년 SF영화와 냉전서사의 두 방식」, 『어문논집』 73, 민족어문학회, 2015, 102-103쪽.

6 정종화 외, 『한국영화를 말한다: 한국영화의 르네상스 1』, 도서출판 이채, 2005, 36쪽.

## 잊혀진 전쟁의 잊혀진 아이들

1 이중 피동으로 쓴 '잊혀진'이란 표기는 문법적으로 비문(非文)이다. 하지만 6·25 전쟁을 부르는 별명처럼 굳어진 표기이기도 하여 이 글에서는 그대로 사용하였다. 한국 전쟁을 Korean war, 항미원조전쟁, The Forgotten War라고 흔히들 부른다. '잊혀진 전쟁'이라는 의미는 큰 두 전쟁(2차 세계 대전과 베트남 전쟁) 사이의 전쟁이었다는 점을 강조한 표현이다. 즉 그 두 전쟁의 비중과 무게로 인해 상대적으로 한국 전쟁은 미국 내에서 크게 인식되지 않았고 역사적으로도 가볍게 다루었다는 의미이다. 1951년 10월 5일 자 〈유에스 뉴스 앤드 월드 리포트〉에 실린 「한국: 잊혀진 전쟁(Korea: The Forgotten War)」이라는 제목의 기사에서 처음으로 언급되었다.

2 「"전쟁 1년, 러·우크라 군인 사상자 20만명"…'10년' 아프간전 13배」, 〈뉴시스〉, 2023.2.1. https://newsis.com/view/?id=NISX20230201_0002176815&cID=10101&pID=10100.

3 「"우크라戰에 민간인 매일 22명꼴 사망"」, 〈동아일보〉, 2023.1.18. https://www.donga.com/news/Inter/article/all/20230117/117484791/1

4 대한민국 역사박물관 6·25 전쟁 자료.

5 〈조선일보〉에서 1951년 33회(6.2~7.7)에 걸친 1차 기사 후에 같은 해 2차 기사(9.26~9.30)를 실었다.

6 「먹고 살기가 바뿐 까닭? 미아를 찾지 않는 부모들」, 〈동아일보〉, 1952.5.28.

7 「천안고아원 전쟁고아들의 생활상」, 〈조선일보〉, 1951.4.1.

8 「유엔한국재건단 발족」, 〈민주신보〉, 1951.7.5.

9 「사만고아의 앞날은 어찌되나」, 〈조선일보〉, 1953.9.15.
사회부 발표에 따르면 1953년 6월 말 44,103명이 331개 고아원에 1,114명이 7개소의 감화원에 수용되어 있다고 한다.

10 「내가 본 아메리카」, <경향신문>, 1956.2.16.

수필가 전숙희는 1956년 미국 방문기에서 미국 언론이 한국의 너무 비참한 면만 선전하여 한국의 거의 모든 어린이가 거지 아니면 고아인 줄 안다고 썼다. 전쟁고아를 나라 체면을 구기는 수치로 여기는 심리가 엿보인다.

11 공임순, 「군복 입은 '고아구호'단」, 『상허학보』 63호, 상허학회, 2021, 433쪽.

12 「횡령혐의의 고아원장」, <조선일보>, 1952.7.31.

13 송병수, 조윤정 엮음, 『송병수 단편집』, 지식을 만드는 지식, 2013, 6쪽.

14 공임순, 앞의 논문, 433쪽.

15 「혼혈아 실태파악」, <민주신보>, 1953.4.15.

16 제1기 진실화해위원회는 2005년 발족 2010년까지 활동하고 해체한 바 있다. 2020년 12월 제2기 진실화해위원회가 다시 활동하는 중이다.



17 윤흥길의 「기억 속의 들꽃」에 등장하는 전쟁고아 명선을 지칭한 표현이다.

18 <경산신문>, 2021.7.22.
경산 시의회 양재영 시의원에게 보낸 김재삼(전쟁 당시 3세) 씨의 「6·25 전사자 찾는데, 살아있는 전쟁고아는 왜 안 찾아요」란 사연이 실렸다.

### 전우의 시체를 넘던 아이들

---

1 MBC 뉴스데스크, 「아이는 생일파티를 했을까‥8살 어린이의 우크라 전쟁일기」, 2022.5.5. https://imnews.imbc.com/replay/2022/nwdesk/article/6365952_35744.html

2 특정한 발음이 듣는 사람에게 익숙한 말로 들리는 것을 '몬더그린 현상(mondegreen)'으로 일컫는다. 의미를 알 수 없는 외국어의 전부 혹은 일부가 듣는 이에게 모어처럼 들리는 착각 현상을 말한다. 음향이 좋지 않거나 청자의 어휘력이 부족할 때 모국어 내에서도 흔히 일어날 수 있다. 충남 서산의 해미 천주교 성지 '여수머리'가 "예수, 마리아"에서, 함안의 '각대미산'이 6·25 당시 미군들의 "갓뎀"에서 유래한 것 등이 그 예가 된다.

3 한국: 권윤덕, 『꽃할머니』(평화그림책 1), 사계절출판사, 2010.
이억배, 『비무장지대에 봄이 오면』(평화그림책 2), 사계절출판사, 2010.
권정생/김환영, 『강냉이』(평화그림책 10), 사계절출판사, 2015.
변기자/정승각, 『춘희는 아기란다』(평화그림책 11), 사계절출판사, 2016.
중국: 야오홍, 『경극이 사라진 날』(평화그림책 4), 사계절출판사, 2011.
차이까오/아오쯔, 『불타는 옛 성-1938』(평화그림책 8), 사계절출판사, 2014.
천롱, 『낡은 사진 속 이야기』(평화그림책 9), 사계절출판사, 2015.

일본: 하마다 게이코, 『평화란 어떤 걸까?』(평화그림책 3), 사계절출판사, 2011.
다시마 세이조, 『내 목소리가 들리나요?』(평화그림책 5), 사계절출판사, 2012.
와카야마 시즈코, 『군화가 간다』(평화그림책 6), 사계절출판사, 2014.
다바타 세이이치, 『사쿠라』(평화그림책 7), 사계절출판사, 2014.

**통일 교육의 탈을 쓴 냉전 교육**

1　뉴스와이어, 「미래엔, 통일 초등 국어 교과서 개발 완료 및 전국 배포」, 2018.11.14. https://www.newswire.co.kr/newsRead.php?no=878908.

2　「민주주의와 공산주의」, 문교부, 『국어5-1』, 1954, 115-116쪽.

3　네이버의 국어사전에서 동룡 굴은 "우리나라의 대표적인 카르스트 지형"으로 설명되고 있다. https://ko.dict.naver.com/#/entry/koko/1d48f96ed50049c789bffc2adb354b06

4　베네딕트 앤더슨, 서지원 옮김, 『상상된 공동체』, 도서출판 길, 2018, 78쪽.

5　교육부, 『도덕6』, (주)지학사, 2020. 112쪽.

6　교육부, 『도덕4』, (주)지학사, 2022. 93쪽.

7　교육부, 『도덕6』, 앞의 책, 101쪽.

**한국 속 남의 땅, 용산 기지 이야기**

1　"1936년 서울시의 면적은 135km²였으나 1950년 숭인, 은평, 구로, 뚝도 등 4개 지구의 편입으로 도시 계획 구역은 269km²로 2배 확장되었다. 1963년에는 도시 계획 구역이 행정 구역의 전역으로 확장되고, 경기도 신도면, 과천면, 오정면, 서면 철산리, 하안리, 광명리가 서울의 도시 계획 구역으로 추가 편입되면서 면적이 713km²로 확장되었다. 그 후 계획 인구가 조정되고, 경기도 양주군 화접리, 구리군 갈매리 등 인접 지역이 도시 계획 구역으로 추가 편입되는 등 1970년에는 720km²까지 확장

되었다. 그러나 1982년에 광명시가 분리되고, 1991년에는 과천시와 부천시도 서울시 도시 계획 구역에서 분리되면서 1995년 이후에는 서울시 면적이 605km²로 조정되어 현재는 전 국토 면적의 0.6%를 차지하고 있다. 2019년 현재 서울시의 행정 구역은 25개 자치구와 424개의 행정동으로 구성되어 있다." (「대도시의 확장」, 『대한민국 국가지도집』 1권, 국토지리정보원, 2019, http://nationalatlas.ngii.go.kr/pages/page_1837.php)

2 정확히는 용산 기지 안 캠프 코이너(Camp Coiner) 부지였다.

3 한국 주차군은 전쟁에 동원한다는 목적 외에도 서울 중심에 군용지를 확보해 병영과 군사 시설을 세우는 한편 군사 목적에 필요한 교통 시설까지 건설하는 조직으로 활동했다. 한국 주차군은 당시 전방 부대 지원과 후방의 안정화를 목적으로 했지만, 실질적으로는 한국을 군사 점령하기 위한 부대였다. 군사 행정을 총괄하고자 사령부에 설치한 경리부를 중심으로 일련의 작업을 수행했다. (조건, 「러일전쟁 이후 일본군 '經理部'의 한반도 내 활동과 그 의미」, 『서울과 역사』 97호, 2017, 119-159.)

4 고양군은 당시 명칭이며, 현재는 고양시로 승격되었다.

5 1953년 10월 1일에 조인, 1년 후인 1954년 11월 18일부로 정식으로 발효된 한미상호방위조약(大美相互防衛條約, Mutual Defense Treaty Between the United States and the Republic of Korea)에 근거했다.

6 용산 기지 북쪽은 메인 포스트(Main Post)라고 부른다. 과거에는 메인 포스트와 사우스 포스트 전체를 크게 순환하는 버스가 약 15분 간격으로 운행했다.

7 정식 명칭은 '121전투지원병원대대(121st Combat Support Hospital)'이다. 필자는 121병원 환자행정과(Patient Administration Division) 외래환자기록실(Outpatient Records)에서 의무행정병으로 근무했다. 2007년에 이라크 전쟁에서 헬기 격추로 전사한 브라이언 올굿 대령(Col. Brian Allgood)의 뜻을 기려, 2008년에 '브라이언 올굿 육군병원(Brian Allgood Army Community Hospital)'으로 병원명이 개칭되었다. 2019년 용산 기지 이전 사업으로 평택 미군 기지(USAG

Humphreys)로 옮겼다.

8 IISS(국제전략연구소)와 SIPRI(스톡홀름국제평화문제연구소)에서 발표한 국방비 통계를 기준으로 한다.

9 한국의 국방비는 502억 달러, 2.8%를 기록하여 10위에 올랐다.

10 주한 미군의 일부인 제7공군(7th Air Force)이 중심이 되는 **오산 공군 기지(Osan Air Base)**가 소재한 곳이다.

11 주한 미군의 일부인 제8군(8th Army)이 중심이 되는 **캠프 험프리스(Camp Humphreys)**가 소재한 곳이다.

12 미 해군 제7함대(7th Fleet)는 일본 가나가와현 요코스카시에 소재를 두고 있다. 부산 해군 기지에 주둔하는 병력은 제7함대 예하 부대인 한국 분견대다. 해군, 공군, 해병대가 주력인 주일 미군(USFJ)과 달리 육군 위주인 주한 미군에서 해군이 차지하는 비중은 작다.

13 대구광역시에는 **캠프 워커(Camp Walker)**와 **캠프 헨리(Camp Henry)**가 소재하고 있다. 인근인 경상북도 칠곡군 왜관읍에는 **캠프 캐럴(Camp Carroll)**이 있다.

14 이대우, 『국제안보환경 변화와 한미동맹 재조정』, 한울, 2008.

15 2000년 2월 9일 서울특별시 용산구에 위치한 미합중국 육군 제8군 기지 영안실에서 육군 군무원 앨버트. L. 맥팔랜드(Albert L. McFarland)가 독성을 가진 발암 물질인 포름알데히드를 무단으로 한강에 방류한 사건이다. 포름알데히드는 암과 출산 장애(기형아 발생 위험) 등을 일으킬 수 있는 위험 물질이다.

16 〈SOFA 협정 합의의사록 환경조항(2001)〉 제3조 시설과 구역 - 보안조치 합의의사록 제2항에 관하여

대한민국 정부와 합중국 정부는 1953년 상호방위조약에 의한 대한민국에서의 방위 활동과 관련하여 환경보호의 중요성을 인식하고 인정한다. 합중국 정부는 자연환경 및 인간건강의 보호에 부합되는 방식으로 이 협정을 이행할 것을 공약하고, 대한민국 정부의 관련 환경법령 및 기준을

존중하는 정책을 확인한다. 대한민국 정부는 합중국 인원의 건강 및 안전을 적절히 고려하여 환경법령과 기준을 이행하는 정책을 확인한다. <신설 2001. 1. 18>

17 심영규.「주한 미군 반환기지 환경오염 책임 문제에 관한 국제법적 고찰」,『국제법학회논총』53집 2호, 2008, 173-206.

18 채영근,「2007년 주한미군기지반환합의의 문제점과 향후 과제」,『환경법연구』29집 4호, 2007, 353-386.

## 사라진 냉전의 여자들

1 타마시로 후쿠코, 장수희 옮김,「오키나와현(縣) 평화기념자료관 전시 조작 사건 재고-공범화 개념으로 보는 식민지주의와 섹슈얼리티」,『여성문학연구』제47호, 2019; 조성윤,「전쟁의 기억과 재현: 오키나와 현립 평화기념 자료관을 중심으로」,『현상과 인식』통권113호, 2011 참조.

2 타마시로 후쿠코, 위의 논문, 458쪽.

3 유신,「부산시민공원-캠프 하야리아의 새로운 이름, 부산시민공원」,『환경과조경』6월, 2014. https://www.lak.co.kr/greenn/view.php?id=&cid=64025

4 「'기지촌 미군 위안부' 국가폭력 70년 만에 인정」, <한국일보>, 2022.9.29.

5 정남구,「오키나와 미군, 일 여성 집단 성폭행…반미여론 다시 '부글'」, <한겨레>, 2012.10.18. https://www.hani.co.kr/arti/international/japan/556313.html

## 스팸, 냉전 식탁의 첨병

1 호멜 걸즈와 관련된 내용은 Jill M. Sullivan and Danelle D. Keck의 논문 "The Hormel Girls"(*American Music* Vol. 25, No. 3, University of Illinois Press, 2007)와 이를 바탕으로 Anne Ewbank가 작성한 기사 "The Rise and Fall of the Hormel Girls, Who Sold America on SPAM-The Spamettes sang and danced and glamorized canned meat."(Atlas Obscura, https://www.atlasobscura.com/articles/history-of-spam-hormel-girls, 2018.4.17.)를 참고함.

2 낙진대피소에 대한 내용은 Sarah Pruitt, "At Cold War Nuclear Fallout Shelters, These Foods Were Stocked for Survival"(History Channel, https://www.history.com/news/cold-war-fallout-shelter-survival-rations-food, 2020.02.26.), Thomas Bishop, "Digging Up the History of the Nuclear Fallout Shelter"(Smithsonian Magazine, https://www.smithsonianmag.com/history/digging-up-the-history-of-the-nuclear-fallout-shelter-180979956/, 2022.4.25.) 등의 기사를 참고함.

3 Mire Koikari, *Cold War Encounters in US-Occupied Okinawa*, Cambridge University Press, 2015, pp.161-164.

4 Mire Koikari, "Love! Spam: Food, Military, and Empire in Post-World War II Okinawa", Nancy K. Stalker ed., *Devouring Japan: Global Perspectives on Japanese Culinary Identity*, Oxford University Press, 2018, p.176-178.

5 윤덕노, 『전쟁사에서 건진 별미들』, 더난출판, 2016, 240-241쪽; <수요미식회> 33화 부대찌개 편, 올리브채널, 2015년 9월 9일 방영 참고.

6 주영하, 『백년 식사: 대한제국 서양식 만찬부터 K-푸드까지』, 휴머니스트, 2020, 166쪽.

부록

# 냉전 어휘 사전

ㄱ

### 가메라 시리즈

일본 다이에이 영화사에서 1965년 제작한 <대괴수 가메라>를 시작으로 만들어진 괴수물 영화 시리즈다. <대괴수 결투 가메라 대 바르곤>(1966), <대괴수 공중전 가메라 대 갸오스>(1967) 등으로 제작이 이어지다가 다이에이의 도산으로 제작이 중단되고, 1990년대에 부활한 시리즈다.

### 고지라 시리즈

<고지라>를 만든 일본 도호영화사(TOHO Co., Ltd. 東宝株式会社)에서 제작한 특수 촬영물 영화다. <고지라>의 흥행으로 <고지라의 역습>(1955), <모스라 대 고지라>(1964), <괴수총진격>(1968), <지구공격병령: 고지라 대 가이강>(1972) 등의 후속작 발표가 이어진다. 1970~80년대 이후 서서히 인기가 떨어지면서 시리즈가 중단되는 일도 겪지만 미국의 <고질라>(2014)와 <신고지라>(2016) 개봉으로 다시 인기를 얻어 애니메이션 3부작 <고지라>가 만들어지기도 했다.

### 교수요목기

교수요목기는 1945년부터 1954년까지의 시기를 지칭한다. 교수요목의 구성에 참여한 대부분의 사람은 미국 및 일본 유학파였고, 미국 교육 전문가와 한국 관료들은 한국교육위원회의 회의를 통해 교수요목기의 교육 과정을 개편했다. 남한에 민주주의를 정착시키기 위해서 교육 체제의 개혁이 필요하다고 판단한 미국 정부는 대대적인 교육 원조를 통해 새로운 교육 방법 도입, 미국 교육 사절단 파견, 교과서 편찬 및 무상 배포, 교실 증축 등을 실행했다. 이 당시의 교수요목은 미국의 교육 과정을 가져와 임시방편으로서의 교과서를 만드는 것이 급선무였기 때문에 구체적이고 충분한 내용을 갖추지 못했다.

**국제연합한국재건단(UNKRA)**

1950년 12월에 열린 국제연합(UN) 총회 결의에 따라 한국 전쟁으로 붕괴된 한국 경제를 재건하는 것을 목표로 설립되었던 임시 기구이다. 일명 운크라((United Nations Korean Reconstruction Agency, UNKRA)로 불린 국제연합한국재건단은 1953년 휴전 체결 이후 본격적으로 활동을 시작해 1958년 7월 1일 활동을 종료할 때까지 산업·교통·통신 시설 복구 및 주택·의료·교육 시설 재건에 주력하였다.

## ㄴ

**낙진 대피소(fallout shelter)**

1950년대에 소련의 핵 공격 위협이 고조됨에 따라 미국 내에서는 핵전쟁에 대한 불안감이 커졌다. 연방민방위청(Federal Civil Defense Administration)은 시민들을 안심시키기 위해서 핵폭탄이 떨어지더라도 낙진으로부터 살아남을 수 있다는 낙관적 전망을 제시하고자 노력했는데, 그중 하나가 낙진 대피소를 홍보하는 일이었다. FCDA가 배포했던 소책자에는 가정집의 지하실이나 뒷마당에 건설된 낙진 대피소에서 이성애 규범에 따라 구성된 정상 가족이 비축된 통조림 식품 등을 먹으며 핵 공격을 버텨 내는 일러스트나 사진이 자주 실리곤 했는데, 이것은 조직적으로 잘 준비된 바람직한 미국 시민이라면 어떠한 위기 상황도 이겨 낼 수 있다는 프로파간다를 전달하는 것이었다. 하지만 1960년대에 접어들어 핵폭탄과 낙진에 대한 지식이 대중적으로 퍼지자 낙진 대피소의 실제적 효용성에 대한 의문이 제기되기 시작했고, 더불어 반핵 운동이 확산됨에 따라 낙진 대피소는 과거의 유물로 전락하게 되었다.

### 데탕트(Détente)

데탕트는 완화, 휴식을 의미하는 프랑스어다. 냉전 체제 수립 이후 미국 중심의 자본주의 진영과 소련 중심의 공산주의 진영의 대결은 날이 갈수록 심해진다. 그러나 핵전쟁을 예비하는 이러한 대립에 대해 양 진영 모두 극도의 피로도를 느끼게 된다. 이후로 이데올로기보다 국익을 우선시하는 분위기가 강화되면서 1960년대 말부터 핵확산금지조약(NPT)의 조인, '닉슨독트린'의 발표, 그리고 미국 닉슨 대통령의 모스크바 및 북경 방문 등 국제 관계상의 긴장 완화 분위기가 조성된다. 이러한 시대 조류를 일컬어 '데탕트' 시대라 한다.

## ㄹ

### 런천미트(Luncheon Meat)

직역하자면 점심용 고기라는 뜻인데, 주로 빵 사이에 끼운 샌드위치의 형태로 만들거나 복잡한 조리 과정을 거치지 않고 간단한 점심 식사로 즐겼기 때문에 이와 같은 이름이 붙었다. 원래는 소시지, 미트로프, 살라미, 초리죠, 삶은 닭가슴살 등 다양한 육가공품을 포괄하였으나 프레스 햄이 등장하면서 오늘날에는 주로 프레스 햄을 지칭하는 단어로 사용하고 있다. 일반 명사이기 때문에 상표권이 없어 많은 육가공 업체에서 런천미트라는 동일한 상품명의 제품을 생산하고 있다. 대표적인 프레스 햄 제품인 스팸도 런천미트의 하나이지만 한국에서 런천미트로 팔리는 제품들은 닭 발골육과 돼지 발골육을 혼육하고 전분과 밀가루의 비율도 높은 편이어서 스팸에 비해 질이 떨어지는 제품으로 인식되어 둘을 구분한다. 2021년 4월에는 메뉴 이름에 스팸을 붙이고 실제로는 런천 미트를 사용한 한 식당으로 인해 논란이 촉발되어 '스팸 인증제'의 도입이 검토되기도 했었다.

**리틀보이(Little Boy)**

1954년 8월 6일 오전 8시 15분 일본 히로시마에 투하된 원자 폭탄의 이름이다. 인류 역사상 최초로 사용된 핵폭탄으로, 이 폭탄에 의해 히로시마의 12㎢ 정도가 파괴되고 20만 명 이상의 사상자가 발생했다.

## ㅁ

**매튜B. 리지웨이(Mathew Bunker Ridgway)**

1950년 12월 25일 미 제8군 사령관으로 임명되어 한국 전쟁에 참전한 미 육군 장군이다. 보급에 약한 중공군의 약점을 파악하여 인해 전술로 위축되어 있던 유엔군의 사기를 올려 적극적으로 공세를 펼친 선더볼트 작전과 지평리 전투로 1·4 후퇴 이후의 전세를 역전시켰고 서울 재수복의 기반을 확보했다. 1951년 4월에 맥아더가 트루먼에 의해 해임되자 그의 후임으로 연합국군 최고 사령관, 유엔군 총사령관으로 승진했다. 일본 점령과 한국 전쟁 총지휘라는 중책을 맡아 맥아더보다 더 오래 한국 전쟁을 지휘했음에도 한국에서 그의 유명세는 맥아더에 한참 못 미친다.

**미소 공동 위원회**

1945년 12월 26일, 모스크바 3상 회의에서 다음 사안이 합의되었다. 한국에서 민주 정부를 수립하고, 한국을 미국, 영국, 중국, 소련이 최대 5년간 신탁 통치한다는 내용이었다. 또한 미소 공동 위원회를 설치한다는 사항도 있었는데, 이는 한반도를 점령한 미국, 소련이 임시 정부 수립을 위해 개최한 회의를 뜻했다. 이에 따라 1946년 1월 16일에 예비 회담, 3월부터 5월까지 제1차 미소 공동 위원회가 개최되었다. 그러나 별다른 진전은 없었고 이듬해인 1947년 5월 21일에는 제2차 미소 공동 위원회가 개최되었다. 미국과 소련 양국은 결국 합의하지 못하고 같은 해 10월 21일 위원회는 결렬되었다.

### 미8군 전몰자 기념비

일제가 1931년 만주 사변 당시 전병사자를 기리기 위해 1935년 비석을 건립한 것이 원형이다. 그러다가 미군 주둔 후 한국 전쟁에서 목숨을 잃은 이들을 기리기 위해 '미8군 전몰자 기념비'로 명칭을 바꾸었다. 미군 기지 이전에 따라 전몰자 기념비도 평택으로 함께 이전될 것으로 보였다. 하지만 기념비에 담긴 역사적 맥락과 장소성을 무시했다는 이유로 논란을 빚었다.

## ㅂ

### 박정희와 여순 사건

1948년 10월 19일 여수와 순천에서 일어난 국방경비대(대한민국 국군의 전신) 14연대 일부 군인들의 무장봉기 사건과 그에 대한 진압을 줄여서 여순 사건이라고 부른다. 14연대에 소속된 남로당 당원과 좌익 계열 군인들이 제주 4·3 사건을 진압하라는 이승만 정부의 명령을 거부하고 우발적으로 봉기했고 정부는 반군토벌전투사령부를 설치해 이를 진압했다. 그 과정에서 군인들만 죽은 것이 아니라 민간인의 희생도 극심했다. 이적 행위자를 색출한다는 명목으로 재판 없이 군경에 의해 살해당한 민간인도 많아서 제2기 진실과화해를위한과거사정리위원회가 여순사건위원회로부터 사건을 이관받아 조사 중이다. 당시 육군 작전정보국의 소령이었던 박정희는 여순 사건을 진압하는 입장이었으나 육군의 숙군 작업에서 남로당 당원이었던 것이 탄로 나

11월 11일에 체포되었다. 서울중앙고등군법회의에서 사형을 언도받았으나 백선엽 장군 등의 구명운동으로 무기징역으로 감형되었고, 한국 전쟁 발발로 군인이 모자라 다시 풀려났다고 한다.

### 반공회관

이승만 정부는 국민의 반공 사상 및 멸공 의욕을 고취한다는 명목으로 서울 종로구 세종로 여자경찰서(현 KT 광화문 사옥)를 폐지하고 1958년 2월 5일에 반공회관을 개관했다. 반공회관은 한국 아시아민족반공연맹과 반공청년단의 거점이었고 전시관 내부에 이승만 흉상, 입구에 맥아더 동상이 세워져 있었다. 4·19 혁명 때 학생 시위대가 3·15 부정선거에 협력한 반공청년단을 규탄하면서 반공회관에 방화했다.

### 범전동 300번지

한국 전쟁 이후 생겨난 하야리아 부대의 기지촌이다. 한때 200곳이 넘는 업소가 성업할 정도로 규모가 컸다. 부산의 완월동, 해운대 609번지와 함께 성매매 집결지였다. 2004년 성매매방지특별법 시행 이후 대대적인 단속이 있었고, 재개발 사업으로 현재 주상 복합 아파트가 건설되어 그 모습을 찾을 수 없다.

### 부산시민공원역사관

한국 전쟁 발발로 주한 미군 부산기지 사령부(캠프 하야리아)가 설치되어 미군이 주둔하면서 장교클럽으로 사용된 건물이다. 2006년 하야리아 부대가 폐쇄되고 시민공원이 조성되면서 공원 부지의 역사성과 상징성을 알리기 위해 역사관으로 사용되고 있다. 전시 도입부인 '기억의 공간' 천정에는 미8군을 상징하는 마크와 8개의 별이 있고, 제1전시실부터 제4전시실까지 시민공원 100년의 역사가 전시되어 있다.

### 북진 통일

이승만 정권이 슬로건으로 내걸었던 문구로 무력을 동반하여 북한의 정권을 붕괴시킴으로써 통일을 이룩해 내자는 의미를 담고 있다. 북진 통일은 통일에 대한 열망이 들끓었던 당대 사회 분위기와 정치적 방향성을 보여 주는 용어이다.

ㅅ

### 샌프란시스코 강화 조약

1951년 9월 8일 미국 샌프란시스코 전쟁기념공연예술센터에서 일본과 연합국 사이에 맺어진 평화조약으로, 1952년 4월 28일 발효되었다. 이 조약의 체결을 계기로 일본은 연합국 최고사령부에 의한 군정기를 끝내고 주권을 회복했다. 샌프란시스코 강화 조약 체결에는 총 48개국이 참가하였는데 여기에는 한국과 중국이 빠져 있다. 한국과 중국은 남한과 북한, 중화민국과 중화인민공화국 중 어느 쪽이 대표성을 갖는지를 결정하지 못한 것이 불참의 주요 이유라곤 하지만, 한국과 중국 이외에도 일본으로부터 식민 지배를 받았거나 직접적 전쟁 피해를 입은 아시아 국가들의 의견이 조약의 내용에 제대로 반영되지 않았기에 여전히 이 국가들에서는 전후 보상의 문제가 제대로 해결되지 않은 채 남아 있다. 샌프란시스코 강화 조약 체결로 미국은 일본을 아시아에서 소련을 비롯한 공산주의 국가를 견제할 수 있는 전략적 요충지로 얻었고, 일본은 미국의 안보 동맹으로서의 확고한 지위를 얻게 되었다.

### <수잔 브링크의 아리랑>

피난지 부산에 정착했던 월남 가족의 아픈 가족사를 다룬 영화로 1991년 개봉했다. 스웨덴으로 입양된 신유숙 씨의 실화를 다룬 작품이고 오랫동안 방치된 해외 입양아 문제를 깊이 있게 다루었다는 면에서 중요한 작품이다. 지금은 고인이 된 최진실이 주연을 맡았다.

### <슈샨보이>

이서구 작사, 손목인 작곡으로 노래는 박단마가 불렀다. 1952년에 발표하고 1954년에 스타레코드에서 발매된 것으로 추측된다. 흥겨운 멜로디이지만 이 노래의 화자가 슈샨 보이(슈샤인보이), 즉 구두닦이 소년들이라는 점을 고려해 볼 때 전쟁으로 인한 전쟁고아의 발생과 힘겨운 피난살이 등 당대의 현실이 담겨 있는 노래라 할 수 있다. 가사의 일부는 다음과 같다.

"슈샨 슈샨보이 슈샨 슈샨보이
슈슈슈슈 슈샨보이 슈슈슈슈 슈샨보이 헬로 슈샨 헬로 슈샨
구두를 닦으세요 구두를 닦으세요 구두를 닦으세요
아무리 피난통에 허둥거려도 구두 하나 깨끗하게 못 닦으시는
주변없고 베짱없는 고림보 샌님은 요사이 아가씨는 노 노 노 노 굿이래요"

### 「쑈리 킴」

1957년 『문학예술』 신인 특집에 당선된 송병수의 단편 소설이다. 주인공인 전쟁고아 쑈리 킴을 비롯하여 미군 부대 주변에 사는 인간들의 비참한 생활 이야기를 통해 한국 전쟁의 비극적 성격을 보여 주는 작품이다.

### <승리의 노래>

<전우야 잘 자라>와 더불어 6·25 전쟁기에 널리 불렀던 진중가요(陣中歌謠)이다. 1970년대까지 학교 운동회에서 운동가로 합창하거나 심지어 5·18 민주화 운동 당시 광주 시민들이 계엄군 앞에서 부르기도 했다. 박찬욱 감독의 영화 <복수는 나의 것>(2002)에서 극 중 영미(배두나 분)가 놀이터에서 아이를 유괴할 때 고무줄놀이를 하며 불렀던 그 노래이다.

### 아시아민족반공연맹

이승만과 장제스가 의기투합하여 1954년 6월 15일부터 17일까지 진해에서 아시아반공민족대회를 개최하면서 설립한 민간단체이다. 첫 대회에는 한국과 대만 외에도 필리핀, 타이, 말레이, 홍콩, 베트남, 오키나와 대표가 참석했다. 박정희 집권 후 1962년 5월 10일부터 15일까지 서울에서 아시아반공연맹총회가 개최되었고 1963년 2월 5일 한국반공연맹(법률단체)으로 개편되었다. 민주화가 이루어지고 남북 화해 분위기가 조성되면서 1989년 한국반공연맹은 해체되고 한국자유총연맹이 발족하였다.

### A사인바

1972년 오키나와가 일본으로 반환되기 이전 미군 풍기단속위원회의 위생 기준에 합격한 술집이다. 'A'는 'Approved(허가됨)'의 머리글자로, 공인 점포는 허가증이나 'A' 표시를 매장에 내걸고 영업했다. 미군이 성병 감염 통제를 위해 오키나와 내부의 음식점과 풍속점에 미군 병사용 허가증을 부여한 것이다. 오키나와 반환 직전인 1972년 4월 15일에 폐지되었다.

### 원조 물자

원조란 경제 선진국이 상대적으로 저개발 상태에 있거나 전쟁 및 재난 상황에 처해 있는 국가에 직·간접적으로 도움을 제공하는 행위로, 원조 물자는 그렇게 제공되는 화폐나 물품을 가리킨다. 원조 대상국이 전쟁이나 재난 등의 위기 상황에 있으면 식량이나 의복 등의 긴급 구호를 위한 물품이 제공되고, 전시 상태는 아니지만 경제 발전이 필요한 경우에는 원자재나 기술 원조가 이루어지기도 한다. 한국도 한국 전쟁 직후 궁핍했던 시기와 그것을 극복하여 경제부흥을 이루려 노력하던 시기 미국 원조의 도움을 많이 받았다.

### <웰컴투 동막골>

2005년 동명의 연극을 원작으로 한국 전쟁을 소재로 한 영화이다. 영화에서 전하려고 했던 주제는 반전과 휴머니즘이며 코믹한 요소로 800만 관객을 동원하며 흥행에 성공했다. 영화의 주제와 내용에 대한 친북 성향 논란과 군인 복장과 계급 명칭의 고증 논란이 있다.

### 오산 공군 기지(Osan Air Base)

명칭과 달리 실제로는 평택시 송탄에 있다. 그렇지만 오산 공군 기지라고 이름이 붙여진 데에는 사정이 있다. 당시 대부분 지도에는 오산리(건설 당시 경기도 화성군 오산면 오산리)만 표시되어 있었고, 송탄은 존재하지 않았기 때문이다. 동아시아 지역 최전방에 있는 미군 공군 기지이며 1951년 처음 건설되었다. 1986년부터 제7공군 사령부가 주둔하기에 주한 미 공군의 주력 전투기와 한미 연합 훈련 시 파견되는 괌, 하와이, 본토에서 오는 각종 전략 무기가 배치되는 기지이다. 또한 오산 공군 기지는 한국에 주둔하는 주한 미군과 미국 본토 부대를 연결하는 주요 운송 루트이며 각종 물자와 병력의 항공 수송을 담당한다. 주한 미군 인원 중 일부는 이곳을 통해 한국으로 출입국을 한다. 대통령을 포함한 미국 측 정부 인사가 방한할 때도 대부분 이곳을 이용한다.

### 오키나와 평화기념자료관

오키나와전의 격전지였던 오키나와 남부에 조성된 오키나와 평화기념공원에 있는 역사관이다. 아시아 태평양 전쟁의 참혹함과 오키나와전 생존자들의 증언, 미군 점령기 오키나와 주민들의 생활도 전시되어 있다. 자료관 내에는 오키나와에 있었던 일본군 위안소를 기록한 위안소 맵도 전시되어 있다. 자료관 외부에 있는 평화의 초석에는 오키나와전의 조선인 희생자들의 이름도 새겨져 있다.

## 일본국 헌법 제9조(평화 헌법)

제2차대전의 패배로 일본은 미국 맥아더 장군을 수장으로 하는 연합군 최고사령부(GHQ)의 통치를 받으며 헌법을 개정하는데, 그 때 만들어진 조문 중 하나가 헌법 제9조다. 헌법 제9조에는 "① 일본 국민은 정의와 질서를 기조로 하는 국제 평화를 성실히 희구하며, 국제 분쟁을 해결하는 수단으로써 국권이 발동되는 전쟁과 무력에 의한 위협 또는 무력의 행사는 영구히 포기한다. ② 제1항의 목적을 달성하기 위하여 육해공군, 그 밖의 전력을 보유하지 아니한다. 국가 교전권은 인정하지 아니한다."라고 되어 있다. 전쟁 포기, 전력(戰力) 포기, 그리고 교전권 부인을 주요 내용으로 한다. 그러나 최근에는 헌법 개정을 통해 군대를 보유할 수 있는 나라가 되고자 하는 의지를 자주 드러내고 있으며, 2015년 아베 신조(安倍晋三) 정권에서 집단적 자위권 행사를 규정한 안보법제를 도입하여 사실상 일본은 교전 가능한 나라가 되었다.

ㅈ

## 전송가(Battle Hymn)

1956년 록 허드슨 주연의 미국에서 상영된 영화이다. 한국 전쟁 당시 1·4 후퇴 때 버려질 위기에 처한 천 명의 어린 고아를 군 수송기로 제주 고아원에 이동시켰던 일명 '유모차 수송 작전'을 실화로 한 영화이다.

## 〈전우야 잘 자라〉

1950년에 유호 작사, 박시춘 작곡으로 만들어져 6·25 전쟁 내내 국군에서 애창되었던 대표적인 진중가요(陣中歌謠)이다. 서울 수복 이후 압록강으로 진군할 때까지 이 노래만 불렀다고 이야기될 정도로 애창된 노래였지만, 바로 이러한 비극성 때문에 퇴각 때에는 군대에서 부르는 것이 금지되기도 했다.

### 제임스 밴 플리트(James Alward Van Fleet)

상관인 매튜 리지웨이가 맥아더의 후임으로 유엔군 총사령관이 되자 1951년 4월 14일 제임스 밴 플리트가 미 제8군의 사령관으로 임명되었다. 한국 전쟁 발발로 해체되었던 육군 사관 학교를 진해에서 재창설하고 각급 군사 학교를 지원하여 한국군의 아버지로 불렸다. 1953년 2월 12일 전역해서 한국을 떠났으나 미국 민간 원조 단체 한미재단의 이사장이 되어 한국의 전후 재건에 힘썼다. 자유공원의 맥아더 상을 제작한 바 있는 김경승이 조각한 그의 동상이 주한 미군의 모금으로 제작되어 1960년 3월에 육군 사관 학교에 설치되었다.

### 존 하지(John Reed Hodge)

1944년 하와이에 신설된 미 육군 제24군단 단장으로 임명되었고 종전 직후 오키나와에 주둔 중이었던 제24군단이 남한에 급파되자 군정 사령관이자 주한 미군 사령관으로 임명되었다. 태평양 전선에서는 유능한 실무자이자 군인이었으나 점령군 사령관으로서는 무능력했다는 평이 압도적이다. 한반도의 정세에 대해 무지했고 정치 감각과 행정 능력도 떨어져 한국인 지도자들 그 누구와도 우호적인 관계를 구축하지 못했다. 훗날 그는 한국 통치가 민간인이었다면 절대 맡지 않았을 어려운 일이었다고 회고했으나 한국으로서도 그의 통치를 받은 것은 국가적 불운이었다.

### 주한미군지위협정(SOFA, Status of Forces Agreement)

주한 미군의 주둔에 필요한 시설과 구역의 제공, 반환, 경비, 그리고 유지에 관한 협정이다. 주요 내용은 미국의 정의, 시설과 구역, 공익사업과 용역, 접수국 법령 존중, 출입국, 통관과 관세, 선박과 항공기 기착을 위시한 주한 미군과 관련된 사항이다. 1991년 2월 1일에 제1차, 2001년 4월 2일에 제2차 개정되었다.

### 주한미합동군사업무단(JUSMAGK)

한국군의 현대화 및 체계 유지를 위해 한국 정부를 지원하고, 방산 분야의 협력을 통해 상호이익이 되는 무기 협력 개발 및 제작 사업을 도모하는 게 주요 임무다. 주한미합동군사업무단은 한국의 민군 기관 및 방산 분야 관계자들과 공조하며 한국 정부가 미국으로부터 군사 장비, 용역, 보급품 및 교육 과정을 구매하고 지속적으로 운용할 수 있도록 노력한다. 또한 주한 미국 대사의 직접적인 지휘를 받는 대사관 대표 회의의 주요 구성원인 동시에, 미 태평양 사령부에 직접 보고하는 군사 지휘 체계에도 속해 있다. 업무단 조직은 안보협력운영과, 전략기획공조과, 본부지원과로 구성되어 있다. 1949년에 정식 창설됐으며, 1971년에 임시가 아닌 정식 조직이 되었다.

### 주한유엔민간원조사령부(UNCACK)

한국 전쟁 당시 한국의 재건을 지원하던 유엔의 군사 기구였다. 유엔한국민사지원단(United Nations Civil Assistance Corps Korea, UNCACK)으로 부르기도 한다. 국제연합한국재건단(UNKRA)과 함께 인도주의적 지원을 담당하였다. 주목적은 질병 예방, 민간인의 기아와 동요를 막는 것이었는데 전쟁고아 구호 업무를 도맡았다.

### 진중가요(陣中歌謠)

'군대의 진을 친 가운데', '군대 내'의 뜻으로 군대에서 군인들 사이에 애창되는 가요로 정의한다. 한국의 진중가요는 대중 가수가 곡을 취입하여 일반 대중들 사이에서 폭넓게 불렸다.

## ㅊ

### 추축국

제2차 세계 대전 당시 연합국에 대항하여 군사적 연합을 결성한 국가들을 이르는 말이다. 추축(樞軸, axis)은 '사물의 중심축'을 뜻하는 말로, 이탈리아의 독재자 베니토 무솔리니가 1936년 10월 독일과 우정 조약을 체결하면서 사용한 용어인 '로마-베를린 추축'(Rome-Berlin axis)에서 유래했다. 이후 일본과 헝가리, 스페인, 루마니아, 슬로바키아, 불가리아 등의 국가가 합류했다. 기본적으로는 집단 방위 동맹이었으나 협력과 조정의 관계가 엄격하지 않았고, 1945년 제2차 세계 대전에서의 패배의 결과 동맹은 자연히 해체되었다.

### 7·4 남북 공동 성명

1972년 7월 4일 남북한의 대표가 뜻을 모아 통일 문제에 대해 의논한 뒤 발표한 공동 성명으로, 성명서에는 '통일의 3대 원칙'이 적혀 있다. 성명서에서 밝힌 통일의 3대 원칙은, 무력을 동반하지 않고, 외세의 간섭 없이, 사상과 이념의 차이를 극복하고 하나의 민족으로 단결해야 한다는 내용이다.

## ㅋ

### 캠프 워커(Camp Walker)/캠프 헨리(Camp Henry)

대구광역시 남구 봉덕3동에 있는 주한 미군 육군 기지다. 근처에 있는 캠프 헨리와 함께 일제강점기였던 1921년에 건설된 부대가 원형이다. 일본군은 이곳을 비행장, 탄약고 같은 시설로 사용했다. 한국 정부가 수립된 후 대한민국 공군이 사용하였으며, 한국 전쟁이 한창이던 1950년대 초중반에는 이곳에 공군 본부가 주둔한 적도 있었다. 그 때문에 이곳은 육군 기지이지만 1,400m에 달하는 활주로와 관제탑, 격납고가 여전히 남아 있으며, ICAO 공항 코드도 부여받았다. 미군이 주둔한 것은 1959년부터다. 캠프 워커라는 기지 명칭은 1950년 12월 23일 당시 교통사고로 순직한 미8군 및 국제 연합 사령부 지상군 사령관이었던 월튼 워커 중장(LTG Walton H. Walker)의 이름을 따서 지었다. 캠프 워커는 대구에 있는 캠프 헨리와 캠프 조지(Camp George), 경북 칠곡군 왜관읍에 있는 캠프 캐럴(Camp Carroll), 경북 포항시에 있는 미 해병대 시설 캠프 무적(Camp Mujok), 부산항에 있는 미 해군 시설 8부두(Pier 8) 등을 포괄하는 USAG Daegu(Area IV)의 중심지이기도 하다.

### 캠프 캐럴(Camp Carroll)

경상북도 칠곡군 왜관읍에 위치한 주한 미군 육군 기지 중 하나다. 이 기지는 1959년 5월 경부선과 고속도로를 이용하는 보급 창고를 신설하기 위해 제44공병대대가 건설했다. 기지 명칭은 이듬해인 1960년 한국 전쟁에서 수훈 십자 훈장을 수여받은 제5보병연대 72전투공병중대 소속의 찰리 F. 캐럴 중사(SFC Charlie F. Carroll)를 기리기 위한 것이다.

### 캠프 하야리아(Camp Hialeah)

부산광역시 부산진구 범전동 및 연지동에 걸쳐 있던 약 543,360m² (약 0.543km²) 규모의 주한 미군의 군영이었다. 일제 강점기인 1920년대에는 공업 지구, 1930년대에는 경마장으로 쓰였다. 1937년 중일 전쟁이 발발하자 일제는 이곳을 군사 기지로, 2차 세계 대전 이후에는 포로수용소로 사용했다. 일제 패망 후 1945년에는 UN 기구, 그리고 1950년 한국 전쟁 이후에 주한 미군 부산 사령부의 기지로 쓰였다. 부산 시민들과 지자체가 1995년부터 기지 반환 운동을 벌인 결과 2006년 8월 10일에 공식적으로 폐쇄되었다. 이후 주한 미군과 반환 협상이 이어지다가 2010년 1월 27일 부산시에 반환되었다. 부산시민공원으로 재

탄생하여 2014년 5월 1일 정식 개장했다.

### 캠프 험프리스(Camp Humphreys)

경기도 평택시 팽성읍에 있다. 일제 강점기인 1919년 일본 육군이 비행장으로 건설하여 1945년까지 사용했던 게 기지 원형이다. 광복 후 미 군정 시기를 거쳐 1950년부터 미합중국 육군이 사용했다. 1962년 헬리콥터 사고로 순직한 미 육군 항공 준사관(Flight Chief Warrant Officer-2) 벤저민 K. 험프리스(Benjamin K. Humphreys) 준위의 이름을 따 캠프 험프리스로 명명했다. 그리고 2000년대 들어 병력 이전과 재배치를 중심으로 캠프 험프리스를 대규모로 확장할 계획을 추진했다. 용산에 있던 주한 미군 사령부(USFK), 한미 연합군 사령부(CFC), 주한 미8군(8A), 유엔군 사령부(UNC) 등 상급 부대와, 동두천과 의정부 등 전방 기지에 있던 전투 부대들이 이전하면서 크게 확장되었다. 원래 용산에만 기지(Garrison)라는 명칭을 사용하고, 다른 육군 시설에는 캠프(Camp)를 사용했으나, 캠프 험프리스가 점점 커지면서 이제 험프리스의 정식 영문 명칭도 'US Army Garrison Humphreys'가 되었다. 면적 14.77㎢로, 단일 기지로는 세계 최대인 해외 미군 기지이다. 현재도 확장 공사가 진행 중이다. 용산 기지가 한국에 반환되면서 주한 미군에게 가장 중요한 시설이 되었다.

## Ⓔ

### 탈냉전

소련이 붕괴되면서 냉전 시대로부터 벗어난 1991년 이후의 시기를 지칭한다. 2018년 미국과 중국 간의 패권 다툼이 공론화되면서 개념화된 신냉전 혹은 2차 냉전 등과는 구분된다.

### <태극기 휘날리며>

2004년 개봉한 한국 전쟁 소재의 영화로 한국 영화 중 역대 2번째 천만 관객을 기록했다. 강제규 감독, 원빈, 장동건 주연이었으며 지금은 고인(故人)이 된 이은주 배우가 진태(장동건)의 약혼녀 영신으로 등장한다.

### 통일 편익

통일 편익은 통일을 통해 얻게 되는 남·북한의 이익을 뜻한다. 경제적인 이득만을 지칭하는 단어는 아니지만 주로 경제적 이득을 가리키는 말로 사용된다. 일반적으로 제시되는 통일 편익으로는 군사력 강화, 세계 평화, 경제적 이득, 이산가족 상봉 등이 있다.

## ㉬

### '평화그림책' 시리즈

2005년 하마다 게이코를 비롯한 일본 그림책 작가들의 제안으로 한국의 사계절 출판사, 일본의 도신샤(童心社), 중국의 이린(译林) 출판사가 협업하여 한중일 어린이들에게 전쟁의 의미와 가치, 평화의 중요성을 전하는 그림책 시리즈를 만들자는 의도로 기획되었다. 3~4년 내에 완성될 것으로 예상하고 시작된 이 시리즈는 여러 차례 난관에 부딪혔다. 일본군 '위안부' 문제를 다룬 한국의 『꽃할머니』는 '위안부' 당사자들의 증언에 대한 한국과 일본의 태도 차이, 일본 내 우익들의 공격을 의식한 일본 현지 출판사의 사정(이 내용은 권효 감독의 다큐멘터리 <그리고 싶은 것>(2013)에 담겼다) 등으로 출판이 지연되거나 다른 출판사로 변경되기도 했다. 중국에서는 일본 작가 다바타 세이이치의 『사쿠라』에 일본 군국주의의 전쟁 표어 등이 직접적으로 노출된 점을 들어 출간 허가를 받지 못했다. 2016년 사드(고고도미사일방어체계) 한국 배치로 갈등 상황이 고조된 한중 양국 사이에서 한국의 작품들이 중국에 출간되지 못하는 상황이 발생하는 등 난항이 이어지기도 했다. 한국에서는『꽃할머니』의 일본어판 번역을 맡으려 한 변기자 작가(그는『춘희는 아기란다』의 저자이기도 하다)의 한국 기획 회의 참석을 무산시켰다. 그가 조선적 재일 동포라는 이유로 비자를 발급해 주지 않았기 때문이다. 그는 번역을 마무리하지 못하고 2012년 세상을 떠났다. 당초 기획대로 평화그림책 시리즈가 완성된 상태는 아니나 일본 작가들의 발의로 후속 세대를 위한 협업이 지속적으로 이루어졌다는 점에서 의미를 가진다.

**필리핀-미국 방문군 협정(Visiting Forces Agreement, VFA)**

미국의 식민지였다가 독립한 필리핀은 1951년 미국과 상호방위조약을 체결했고 한국과 마찬가지로 미군 기지와 미군의 주둔을 허용했다. 그러나 냉전의 종식과 필리핀의 민주화로 선출된 아키노 정권 때인 1991년 필리핀 상원에서 미군 철수가 결정되었고 1992년에 모든 미군이 일단 철수했다. 이는 태평양 전선에서 냉전의 종식을 의미하는 상징적 사건이었으나 1998년 미국과 라모스 정권이 미군의 필리핀 주둔, 군사협력을 위해 필리핀을 방문하는 미군의 법적 지위를 규정한 VFA를 체결함으로써 미군은 다시 돌아왔다. 2014년에는 필리핀 군기지에 미군 항공기와 군함을 배치할 수 있는 양국 방위협력확대협정(EDCA)을 체결하여 필리핀의 미군 기지화는 한층 강화되었다.

## ㅎ

**한미미래동맹정책구상회의 (FOTA, Future of The Alliance)**

한미 양국이 세계 안보 환경의

변화에 유념하고, 주한 미군의 '전략적 유연성'을 재확인하며, 한국의 협력적 자주국방 계획을 미국의 '군사 변혁(global transformation)'과 조화되도록 추진한다는 내용을 담고 있다.

**호멜 걸즈(Hormel Girls)**

제2차 세계 대전 종전 직후인 1946년 스팸의 제조사인 호멜 사가 자사 제품의 홍보를 위해 여성 참전 용사들을 대상으로 모집하여 만든 밴드이다. 전시 식량으로 제공되었던 스팸을 비롯한 호멜 사 제품의 이미지를 활용한 애국주의 마케팅과 쇼 비즈니스를 결합한 형태로, 1950년대에 접어들어 TV가 본격적으로 보급되기 전까지 직접 가정을 방문하고, 쇼를 선보이고, 라디오 방송에 출연하며 호멜 사 제품의 판매에 크게 기여했다.

**홀트아동복지회**

1955년 미국인 해리 홀트와 그의 부인 버다 메리언 홀트가 전쟁으로 인해 고통 속에 있는 한국 고아 8명을 입양한 것이 홀트아동복지회의 시작이다. 입양한 아동을 위해 모든 재산을 재단에 바친 선행의 이면에 전쟁고아의 해외 입양 과정에서 달러를 받고 무리하게 처리하는 등 논란도 있다.

**화랑담배**

1950년대 전매국에서 발매한 국군용 담배이다. 1948년에서 1981년까지 국군 장병에게 지급되었다. 필터 없는 담배 20개비로 구성, '우리에게 勝利는' 등의 문구와 비행기, 탱크, 군함 그림이 인쇄되어 있었다.

**흡수 통일**

서독이 동독을 흡수했던 독일의 경우를 지칭하는 통일 방식이다. 민주화를 기반으로 이루어지는 흡수 통일은 무력을 동반하지 않기 때문에 평화 통일과 동일 선상에서 논의되기도 한다. 그래서 독일 통일을 평화 통일의 성공 사례라고 교육하고 이를 본보기로 제시하고 있다. 그러나 독일의 통일은 여행법 오보와 같은 혼란과 함께 이루어진 것으로 화합을 통해 이루어지는 평화 통일과는 구분된다.

The Wall of the Cold War

The Cold War Legacy
that Blocks Peaceful Everyday Life

"세상 모든 것에 감탄하는 지혜로운 사람들의 공간"
**도서출판 호밀밭**

**냉전의 벽** 평화로운 일상을 가로막는 냉전의 유산

| | |
|---|---|
| **초판 1쇄** | 2023년 06월 25일 |
| **지은이** | 김려실, 이희원, 김경숙, 류영욱, 양정은, 백동현, 장수희, 이시성 |
| **책임편집** | 임명선 |
| **디자인** | 최효선 |
| **펴낸이** | 장현정 |
| **펴낸곳** | (주)호밀밭 |
| **등록** | 2008년 11월 12일(제338-2008-6호) |
| **주소** | 부산 수영구 연수로 357번길 17-8 |
| **전화** | 051-751-8001 |
| **팩스** | 0505-510-4675 |
| **홈페이지** | homilbooks.com |
| **이메일** | homilbooks@naver.com |

Published in Korea by Homilbooks Publishing Co, Busan.
Registration No. 338-2008-6.
First press export edition June, 2023.

**Author** Kim Ryeosil, Lee Heewon, Kim Kyoungsook, Ryu Youngwook, Yang Jungeun, Baek Donghyeon, Jang Soohee, Lee Siseong

**ISBN** 979-11-6826-108-2 93900

※ 책값은 뒤표지에 표시되어 있습니다.